sobinfluenciaedições

"A semiótica é a ciência que estuda os signos. Chamamos de capitalismo um sistema social fundado na exploração do trabalho e orientado para a acumulação de capital. Podemos falar em semiocapitalismo quando as tecnologias informacionais tornam possível a integração total do trabalho linguístico com a valorização do capital."

BERARDI, Franco, *Precarious Rhapsody: Semiocapitalism and the Pathologies of the Post-Alpha Generation.*

"É por isso que podemos falar em semiocapitalismo: porque os bens que circulam no mundo econômico – informação, finança, imaginário – são signos, figuras, imagens, projeções, expectativas."

BERARDI, Franco, *Depois do fim.*

"O semiocapitalismo tomou o lugar do capitalismo industrial."

BERARDI, Franco. *And: Phenomenology of the End. Cognition and Sensibility in the Transition from Conjunctive to Connective Mode of Social Communication.*

"A sublimação da realidade em simulacro é a característica essencial do semiocapitalismo."

BERARDI, Franco, *Heroes: Mass Murder and Suicide.*

APRESENTAÇÃO

LEONARDO FOLETTO[1]

O livro que você tem em mãos é uma coletânea de treze ensaios que investiga como o fim do mundo se tornou apenas mais um signo do que Alessandro Sbordoni, ecoando principalmente Franco "Bifo" Berardi, chama de *semiocapitalismo*. Trata-se de uma fase específica e avançada do capitalismo em que a produção de valor tem se deslocado da fabricação de bens materiais para a produção e circulação de signos, informações, afetos e relações sociais. Como diz Bifo, em um trecho citado neste livro, "o *semiocapitalismo* coloca as energias neuropsíquicas para trabalhar, submetendo-as à velocidade mecanicista e forçando a atividade cognitiva a seguir o ritmo da produtividade em rede."[2]

[1] Jornalista e doutor em comunicação, é professor e pesquisador na FGV. É autor de *A cultura é livre: uma história da resistência antipropriedade* (Autonomia Literária/Fundação Rosa Luxemburgo, 2021) e editor do BaixaCultura, espaço dedicado à cultura livre e à contracultura digital, ativo desde 2008.

[2] BERARDI, Franco. Cognitarian Subjectivation. *e-flux* 20

A tese – se podemos assim chamá-la, num texto tão aberto a provocações e leituras distintas – é que o fim do mundo é "apenas mais um signo" do *semiocapitalismo*: o apocalipse, tal como tradicionalmente concebido, não ocorrerá, porque já está em curso permanente. Em sua visão, não há mais diferença entre o fim do mundo e o próprio capitalismo: ambos se reproduzem incessantemente segundo a lógica semiótica do capital. Este livro, então, se apresenta como um manifesto que nos convida a pensar sobre o que significa "fim" hoje.

Os treze ensaios são permeados por um diálogo com a famosa formulação atribuída a Fredric Jameson, mas popularizada por Mark Fisher em seu livro *Realismo capitalista*: "é mais fácil imaginar o fim do mundo do que o fim do capitalismo". Fisher argumentou que o capitalismo se apresentou, após 1989, como o sistema político-econômico "padrão" com o qual nenhuma outra forma política estrangeira pode disputar, criando uma condição psicológica coletiva que torna muito difícil pensar em qualquer alternativa. A intuição de Fisher também é compartilhada pelo próprio Bifo em *Depois do*

(nov. 2010). Disponível em: https://www.e-flux.com/journal/20/67633/cognitarian-subjectivation/.

futuro (lançado no Brasil em 2019 pela Editora Ubu): o "lento cancelamento do futuro", diz Bifo, torna cada vez mais difícil imaginar futuros por decorrência também do afogamento coletivo pela superoferta de informação libertada na internet.

Sbordoni, entretanto, propõe ir além desse diagnóstico ao sugerir que ainda não imaginamos suficientemente esses "fins" – e que "o fim é apenas o começo". E faz isso oferecendo um diálogo direto com alguns dos mais influentes nomes da crítica cultural e da filosofia dos últimos quarenta anos, de Jean Baudrillard a Bernard Stiegler, Byung-Chul Han, Jacques Derrida, Giorgio Agamben, Nick Land, Slavoj Žižek, Tiqqun, Susan Sontag, além dos já citados Bifo Berardi, Mark Fisher e outros e outras tantas. Este cardápio apresentado compõe uma espécie de banquete filosófico que nos alimenta de diversos *insights*, que cobrem diferentes aspectos de nossa vida acelerada pelas tecnologias do início do século XXI, e que, por conta disso, necessitam de paradas estratégicas para digerir e assentar as ideias – também para buscar relacionar as ideias apreendidas com as nossas experiências e reflexões cotidianas.

Esse assentamento de ideias e a conexão com referências próximas a nós são facilitados pela profusão de referências à cultura pop, já que a análise do livro, embora parta de filósofos de uma "alta teoria", digamos, também quer entender algo que é prosaico e comum: como o apocalipse está presente nos produtos culturais que nos cercam neste século XXI.

Aqui, vemos desde a música pop de Britney Spears ("Till the World Ends"), que, na visão de Sbordoni, se insere numa narrativa do fim como consumismo sem finalidade, numa "catástrofe do sentido" esvaziada de realidade pela repetição, até *blockbusters* como "Vingadores: Ultimato". No filme, que teve uma das maiores bilheterias da história do cinema, os mortos retornam à imagem no desfecho do filme para anunciar um próximo filme do Universo Marvel – o que, na visão do autor, exemplifica a ideia de que o fim, em si, é um signo de mais reprodução, mais simulação e repetição do mesmo.

Há ainda um cardápio enorme de músicas, filmes, ações e objetos estéticos citados e analisados sob a perspectiva crítica de Sbordoni, que incluem o *glitch*, por exemplo, e as *backrooms* – um estranho fenômeno na internet, originário do 4chan, misto de lenda urbana e espaço físico (inventado?), um lugar de transição que poderia figurar num hipotético (e hipnótico) clipe de "Road to Nowhere", dos Talking Heads, remixada por algum DJ de trap nascido nos anos 2000.

Você ficará surpreso (ou não) em saber que o autor deste livro é um linguista e filósofo italiano nascido em Cagliari, maior cidade da ilha da Sardenha, na Itália, no mesmo ano em que a internet comercial estreou no planeta – 1995. Atualmente vivendo em Londres, onde trabalha para a editora de acesso aberto Frontiers, Sbordoni é também autor de *The Shadow of Being: Symbolic/Diabolic* (2023) e editor da revista britânica *Blue Labyrinths*,[3] junto com o autor do posfácio deste livro, Matt Bluemink, e da italiana *Charta Sporca*,[4] ambas provocativas publicações digitais que tratam de filosofia, literatura, música e cultura digital. *Semiótica do fim* foi publicado originalmente em inglês, em 2023, pelo Institute of Network Cultures, de Amsterdã, dirigido por Geert Lovink, um dos principais e mais longevos teóricos e críticos da cultura digital – que, não por acaso, compartilha de muitas das referências citadas por Sbordoni, além da abordagem da alta teoria e cul-

[3] Disponível em: https://bluelabyrinths.com/.

[4] Disponível em: https://www.chartasporca.it/.

tura pop da internet, como você pode ver em, por exemplo, *Extinção da internet*,[5] publicado em 2023, no Brasil, pela Editora Funilaria em parceria com o BaixaCultura.

Este livro pode oferecer ferramentas conceituais relevantes para nós, brasileiros, também porque aqui parece haver um terreno fértil para o desenvolvimento da *antiassombrologia* – o conceito que Sbordoni e Bluemink desenvolvem para pensar além dos fantasmas que assombram o presente. Se Mark Fisher escreveu sobre a *assombrologia*, em *Fantasmas da minha vida* (lançado no Brasil em 2022 pela Autonomia Literária), que "o futuro é sempre experienciado como uma assombração", no Brasil experimentamos algo distinto.

Nossos fantasmas também vêm de futuros não realizados que, mesmo assim, insistem em irromper no presente através da urgência, da escassez e de nossa habilidade, aqui tornada indispensável, de festejar – e tudo que está implicado na festa, sobretudo a corporeidade da diversão manifestada na dança. Nossa produção cultural – do funk carioca ao tecnobrega, dos memes novelescos aos passinhos – não apenas

[5] Disponível em: https://baixacultura.org/2023/11/20/a-extincao-da-internet/.

processa ansiedades sobre o fim, mas remixa constantemente novos começos a partir do que parecia destruído (ou esquecido). A crítica de Sbordoni ao *semiocapitalismo* ressoa aqui, para além de um diagnóstico melancólico, também como um reconhecimento de uma capacidade brasileira de criar outros circuitos, outras relações com o tempo que desafiam a lógica linear do apocalipse capitalista. Se o autor propõe que "o fim é apenas o começo", no contexto brasileiro isso não é metáfora, mas uma necessidade: somos especialistas em transformar precariedade em potência, nem que seja para fazer do fim do mundo mais uma oportunidade de recomeçar – e dançar. Todo apocalipse, no fundo, também é véspera de festa.

1. NÃO COM UM ESTRONDO, MAS COM UM BOCEJO

Sonhos sobre o fim do mundo não nascem apenas do desespero ou do medo. Nascem também como caprichos do tédio.

Sonhos febris de destruição não surgem apenas quando o mundo é maligno ou horrível, mas também quando já não faz diferença se o mundo ainda existe ou deixou de existir. É entre bocejos, mais do que entre gemidos ou gritos, que o mundo chega ao fim.

Certa vez, um amigo me disse: "Quando fico entediado, sinto vontade de ver o mundo pegar fogo." E assim o mundo acaba: como mera fantasia. Porque o tédio, no fundo, não destrói nada, tampouco cria.

O paradoxo do tédio

Conforme escreve Byung-Chul Han em *A sociedade do cansaço*, "o tédio profundo constitui o ponto alto do descanso espiritual. Pura inquietação não gera nada de novo. Reproduz e acelera o já existente."[6] O tédio é repetição pura, reprodução sem finalidade. Se o tédio produz sonhos sobre o fim, é porque o próprio fim se tornou impossível.

Tudo é cópia. Cada dia se parece com o anterior. Semana após semana, tudo se repete. Então, irrompe em nós um pensamento de criação ou destruição. Assim, elimina-se o tédio: o nada neutraliza a simples repetição. Um princípio de nada é necessário tanto para criar quanto para destruir. Só é possível criar ou destruir quando a tentação do nada supera a monotonia do aqui e agora. Mas, no fim, o tédio retorna e se repete, porque nada de novo foi realmente gerado.

Sonhos do fim

Um novo tipo de niilismo emerge do tédio que marca o capitalismo tardio. Um niilismo em que o fim perdeu toda finalidade.

Em uma postagem publicado em 13 de janeiro de 2007, Mark Fisher argumenta que "Deixamos de imaginar o fim do mundo, assim como perdemos a habilidade de imaginar o fim do capitalismo. Curiosamente, o temor apocalíptico – tão onipresente durante a Guerra Fria

[6] HAN, Byung-Chul. *A sociedade do cansaço*. Trad. Enio Paulo Giachini. Petrópolis: Editora Vozes, 2017. p. 33-34.

– parece ter sido extirpado do inconsciente popular. [...] Se está cada vez mais difícil imaginar alternativas ao capitalismo, é sinal de que o mundo já acabou."[7]

Os filmes de desastre já não apelam ao medo ou à ansiedade diante do futuro. Agora, sua função é eliminar o tédio por meio da hiperestimulação. Filmes como *Sharknado* ou *Godzilla vs. Kong* são, para as crianças, o que a pornografia é para os adultos.

Os sonhos do fim se esgotaram. E não por cinismo, mas em decorrência de um tédio profundo: nada é possível, porque *nada mais é impossível.*

Os sonhos do fim, encenados pelos filmes "pornô" de desastre, são o simulacro definitivo. Representações de seu próprio nada. O niilismo do fim.

"Acabou o apocalipse, hoje em dia é a precessão do neutro, das formas do neutro e da indiferença",[8] escreveu Jean Baudrillard em *Simulacros e simulação*, de 1981. Quarenta anos depois do fim, vivemos o apocalipse do tédio: o triunfo

[7] FISHER, Mark, 'The Damage is Done', *k-punk*, 13 jan. 2007. Disponível em: http://k-punk.abstractdynamics.org/archives/2007_01.html.

[8] BAUDRILLARD, Jean. *Simulacros e simulação*. Lisboa: Relógio D'água, 1991 p. 196.

da hiperestimulação, da recombinação digital, da repetição pura sem diferença. E como o pensamento do fim foi neutralizado, junto com ele perece também a sedução das imagens. É a terra do tédio. Do bocejo, do abismo.

Hipernada

A solução para o paradoxo do tédio é o hipernada: um nada que vai além da criação e da destruição, além da realidade e da simulação. Se os sonhos do fim ainda dependem da realidade e de sua representação, no domínio do hipernada o fim se torna, ao mesmo tempo, *possível e impossível*.

A tela está preta. Não há som, exceto pelo sussurro do vento. À medida que o filme *O cavalo de Turim* se aproxima do desfecho, é como se o mundo e a própria tela desaparecessem. Então, um outro nada invade o sonho. Uma diferença absoluta se introduz dentro do próprio nada. Trata-se da representação de um novo nada, que não cria nem destrói. Em vez disso, faz o sonho retornar ao sono.

E, ainda assim, o hipernada não restaura nem a realidade nem sua negação niilista. Ao contrário, abole a diferença entre o real e o hiper-real, entre o tédio e seu *escaton*.[9]

É o tédio realizado no fim do mundo.

Zero, ou o som do fim

A indústria da música é outro exemplo claro do paradoxo do tédio e do niilismo do fim.

Mais uma vez, não é difícil reconhecer um tratamento pornográfico do imaginário do fim. "*Sicker than the remix / Baby, let me blow your mind tonight*",[10] e então o refrão: "*I can't take it, take it, take no more / Never felt like, felt like this before / Come on get me get me on the floor.*"[11] Esse trecho da música "Till the World Ends", de Britney Spears, se insere numa narrativa do fim como consumismo sem propósito, sem finalidade. É a catástrofe do sentido: o fim se torna impossível, esvaziado de realidade pela hiperestimulação e pela repetição.

[9] Nota da Tradução: Escaton é um termo de origem grega ("*eschaton*", "o último") que designa o fim último ou o destino final da história, do mundo ou da humanidade. Frequentemente associado a visões apocalípticas ou escatológicas em tradições religiosas e filosóficas.

[10] Tradução livre: "Mais louca que o remix / Amor, deixa eu explodir sua mente essa noite."

[11] Tradução livre: "Eu não aguento, não aguento mais / Nunca senti nada assim / Vem, me pega, me pega na pista."

O futuro já não é mais possível. O futuro não existe, exceto como simulacros do consumo. Daí as pornografias do desejo.

Hoje, o futuro não existe, senão como reconfiguração do passado; fantasmas do passado assombram o presente por meio de remixes, continuações e refilmagens. O *novo* já quase não significa nada. A hiperestimulação e a repetição eliminam, de antemão, qualquer possibilidade de fim. O paradoxo do tédio se reconfigura, enquanto nada é criado, nada é destruído. Apenas repetição pura, sem diferença; o nada dos simulacros.

Mais uma vez, o paliativo contra o niilismo desta cultura do fim é o hipernada.

Um minuto de silêncio antecede o encerramento dos álbuns da série *Everywhere at the End of Time*, de The Caretaker - uma obra dedicada, em parte, à memória de Mark Fisher, falecido em 2017. Nas palavras de Fisher, a estética de The Caretaker corresponde à "incapacidade de distinguir o presente do passado".[12] Essa indistinção, produzida pela remixagem e desfiguração de gravações de um passado há muito esquecido, abre agora espaço para o hipernada.

[12] FISHER, Mark. No Future 2012. In: *k-punk*, 13 maio 2008. Disponível em: http://k-punk.abstractdynamics.org/archives/010368.html.

O hipernada, entretanto, não apenas significa o fim: ele *cria* o fim. Nele, toda plenitude é abolida. A melancolia e a nostalgia que atravessam a gravação acabam por se dissipar. Ao longo desse minuto de hipernada, a indiferença se transforma, pouco a pouco, na própria atmosfera do fim.

Já não há mais sons, apenas névoas de nada.

A simulação de silêncio, em vez de encerrar a música, amplia um espaço para o sono e para a ataraxia do fim. Tédio no fim dos tempos. O hipernada do silêncio abole a diferença entre a representação do nada e o nada em si, entre a escuta profunda e o tédio profundo.

Será esse o som do fim?

2. CAPITALISMO E MÍDIA OBSCURA

A tela encarna o design de uma sociedade onde tudo é transparente e nada mais é material. Com a tecnologia das telas em toda parte, a própria realidade só pode desaparecer no design absurdo dos simulacros.

Em *O design do dia a dia*, lê-se:

> Sabemos que o fim do livro se aproxima à medida que chegamos às últimas páginas. [...] Leitores de livros eletrônicos não têm a estrutura física dos livros de papel; a menos que o designer do software forneça intencionalmente alguma pista, eles não transmitem nenhum sinal sobre a quantidade de texto que ainda resta.[13]

O tempo de tela é a visão da eternidade mais recente. Não há fim para a reprodução da informação. À medida que o fim se aproxima, mais ainda está por vir. Se, na Antiguidade e no

[13] NORMAN, Donald A. *The Design of Everyday Things*. Revised and Expanded Edition. Cambridge, Londres: MIT Press, 2013, p. 16.

cristianismo, o desenrolar circular dos rolos e o folhear das páginas de um códice representavam visões distintas do tempo, o design da tela – com seu rolar infinito – expressa a tecnoideologia do consumo e da reprodução incessante, própria do capitalismo tardio.

A imagem da tela está sempre visível. Essa é a obscena violência da sua presença: para existir, ela precisa se reproduzir incessantemente. Já não é mais possível fechar os olhos. Há sempre luz demais.

A luz depois do fim

No Instagram, quando o usuário já rolou todo o conteúdo do *feed*, aparece uma mensagem: "*Você já viu tudo*" – um aviso de que mais conteúdo (patrocinado) ainda virá. Há também um link para "*Ver publicações anteriores*": os fantasmas do passado retornam para reproduzir o presente sem cessar.

Ainda há luz depois do fim.

Após os créditos finais de *Vingadores: Guerra Infinita*, resta apenas a desmaterialização nas ruas americanas, enquanto novas imagens da Capitã Marvel ocupam a tela. Depois que a Capitã Marvel deixa este mundo, a luz permanece, anunciando *Vingadores: Ultimato*, próxima produção do Universo Cinematográfico Marvel. No desfecho de *Vingadores: Ultimato*, o filme de maior bilheteria de todos os tempos, os mortos retornam à imagem. Em seguida, surge o anúncio de *Homem-Aranha: longe de casa*.

Não há fim à vista para a expansão do Universo Cinematográfico Marvel. Não há escuridão após o horizonte semiológico do multiverso. Só há mais simulação, mais repetição do mesmo.

O fim, em si, é o signo de mais reprodução. A tela representa a impossibilidade de qualquer referência ao real. A função da tela é *telar*[14] o fim. Ela não é nada além da proliferação incessante de imagens. O fantasma da reprodução não se encerra, porque não há onde terminar. Jacques Derrida escreveu: "*Não há fora-de-texto*".[15] Hoje, já não há também fora-da-tela. Já não existe mais escuridão.

[14] N.T.: No original: *The screen screens the end*. Trata-se de uma referência ao texto "Do livro à tela", de Giorgio Agamben, citado adiante. Na tradução brasileira desse texto, a formulação (*screen screens*) não foi adotada, o que interrompe a conexão conceitual retomada por Alessandro Sbordoni. Optamos aqui por manter a estrutura do inglês e traduzir *screen* como "telar", aproveitando o verbo já existente em português (com o sentido de "cobrir com tela", como em uma janela), para preservar a sobreposição de sentidos proposta no original.

[15] DERRIDA, Jacques. *Gramatologia*. São Paulo: Editora Perspectiva, 1973. p. 194.

Tudo o que existe é transformado em imagem para ser reproduzido como tal. Tudo é exibido para tornar-se mercadoria e ser consumido de novo, e de novo, e de novo. O que não é imagem praticamente não existe: seu valor de exibição e reprodução é zero.

O meio obscuro

Segundo Eugene Thacker, o meio obscuro (*dark medium*) é aquele que opera com tal perfeição que consegue mediar entre dois níveis ontológicos distintos: o morto e o vivo, o humano e o não humano, a carne e o fantasmagórico. Em outras palavras, o meio obscuro não medeia entre a imagem e o olho, mas entre o olho e os espectros do imaginário.

O curta-metragem *Outer Space*, de Peter Tscherkassky, como toda a obra do cineasta austríaco, é construído a partir de imagens reaproveitadas (*found footage*)[16] de outro filme – neste caso, *O Enigma do mal* (1982). No longa origi-

[16] N.T.: *Found footage* é um termo comumente usado para designar um subgênero cinematográfico em que o filme simula um "documentário" a partir de gravações supostamente feitas por personagens da própria narrativa, posteriormente "encontradas" e apresentadas ao público. No entanto, neste caso específico, o autor se refere ao sentido literal do termo: filmagens pré-existentes, de fato encontradas e reaproveitadas pelo cineasta.

nal, uma jovem é violentada por um monstro invisível e aterrador. Tscherkassky monta essas imagens de forma agressiva, transpondo o conflito entre a protagonista e a entidade fantasmagórica para uma hiperviolência entre a imagem e o meio que a sustenta. Já não há diferença entre a violência da imagem e a violência cometida contra o real. O filme é uma explosão, após a qual tudo o que resta, nos detritos do meio, é apenas o imaginário.

> Durante a noite, na penumbra vacilante de imagens fraturadas, uma jovem entra numa casa suburbana. Assim que a porta se fecha atrás dela, o espaço físico – e a própria superfície da projeção – começam a estilhaçar-se, a colapsar e a romper. Os espaços se contraem, se dobram sobre si mesmos; a figura feminina se multiplica e se despedaça pela tela. O próprio filme grita e se rasga à medida que as perfurações da película e a trilha óptica invadem violentamente o mundo ficcional. [...] A mulher é arremessada de parede em parede, seu rosto estilhaça-se sobre a tela, deixando rastros espectrais ou explodindo em múltiplas direções. Em certo momento, ela se dissolve, deixando apenas um corredor vazio, para então irromper novamente no quadro. Seus gritos são perfura-

dos [*punctured*] pelos riscos e falhas [*glitches*] do filme rasgado, pelos furos da película que sangram sobre a tela e pelo gemido mecânico da trilha óptica.[17]

As imagens editadas são esquartejadas por luz artificial. A luz abole a mediação. "O filme se torna tão imediato que ultrapassa e consome seus próprios aspectos materiais e formais, dobrando-se numa antimediação, que deixa de comunicar visual ou acusticamente."[18] A luz atinge aqui seu grau mais cruel: cria e desfigura todas as imagens, inclusive a si mesma. A tela pisca violentamente do preto ao branco. Luz e som criam e destroem, juntos, a relação com o meio.

Agora, a própria tela tornou-se imaginária. Quase não resta mais nada para ver. *A jovem encara a escuridão, e a escuridão a encara de volta.*

Na primeira vez que assisti a esse curta de Peter Tscherkassky, a luz era ofuscante. A luz era

[17] Essa sinopse de *Outer Space*, de Peter Tscherkassky, se encontra em: GRAHAM, Rhys. "Outer Space: The Manufactured Film of Peter Tscherkassky", em Sense of Cinema 12, fevereiro de 2001. Disponível em: https://www.sensesofcinema.com/2001/cteq/outer/.

[18] THACKER, Eugene. Dark Media. In: GALLOWAY; THACKER; WARK (eds). *Excommunication: Three Inquiries in Media and Mediation*. Chicago: University of Chicago Press, 2013, p. 77–150.

tão brilhante e intensa que a tela preta se transformou em um espelho escuro. O reflexo negativo e a reverberação faziam o imaginário recuar, aparentemente, ao infinito. Já não há mais imagem, e o imaginário reproduz a si mesmo no hipernada do meio: as imagens se encerram e não param de se encerrar. Quase não resta nada; a escuridão é apenas imaginária.[19]

Da imagem ao imaginário

Em "Do livro à tela", Giorgio Agamben escreve:

> O dispositivo digital não é imaterial, mas baseia-se na obliteração de sua própria materialidade: a tela [*schermo*] serve de "escudo" [*schermo*] contra si própria, esconde a página-

[19] O meio obscuro de *Outer Space*, de Peter Tscherkassky, é apenas um dos três tipos descritos por Eugene Thacker (a saber: mídias estranhas [*weird media*], mídias assombradas [*haunted media*] e mídias mortas [*dead media*]). Segundo Thacker, a mídia estranha representa uma forma negativa de mediação. O estranho, para citar Mark Fisher, é "a presença daquilo que não pertence" (*The Weird and the Eerie*. Londres: Repeater, 2016, p. 61). Em *Outer Space*, porém, o que é estranho é a própria relação do sujeito com o meio obscuro. O meio de *Outer Space* é analógico, mas a análise aqui se desenvolve sem recorrer à distinção entre formas analógicas e digitais de reprodução. A questão da diferença entre mídias analógicas e digitais é tratada no final deste livro, no capítulo 13, "Antiassombrologia".

> -suporte – a matéria – na página-escritura, esta sim, tornada imaterial, ou melhor, espectral, se espectro for algo que perdeu o corpo, mas, de algum modo, conserva sua forma.[20]

A tela é aquilo que, para funcionar, precisa tornar-se *transparente*. Reproduz, assim, a ilusão de sua própria imaterialidade.

A imagem é espectral. Com frequência, nada mais que a virtualização da reprodução pela máquina.

A imagem em branco já não representa a virtualidade da criação, mas da própria reprodução. Com isso, o dispositivo ocupa, ou mesmo vem tomar *possessão*, da subjetividade. "Aquele que se deixa capturar no dispositivo 'telefone celular', qualquer que seja a intensidade do desejo que o impulsionou, não adquire, por isso, uma nova subjetividade, mas somente um número pelo qual pode ser, eventualmente, controlado."[21] O dispositivo, portanto, não reproduz um sujeito, mas sim a afirmação de sua própria negação.

[20] AGAMBEN, Giorgio. *O fogo e o relato:* ensaios sobre criação, escrita, arte e livros. São Paulo: Boitempo Editorial, 2018, p. 68.

[21] AGAMBEN, Giorgio. *O que é o contemporâneo?* e outros ensaios. Chapecó: Editora Argos, 2009 p. 48.

Não há meio sem sujeito. E, assim, cada vez mais, a máquina se configura como um outro sujeito, enquanto o sujeito se torna uma máquina. Pensar já é quase impossível; a máquina pensa em meu lugar. A tecnologia reproduz espectros em escala crescente e transforma o próprio eu que a produz em mais um espectro. No caminho oposto, os meios obscuros representam o retorno da subjetividade negativa ao próprio sujeito da negação. A prática dos meios obscuros consiste em exorcizar o controle e a imediaticidade.

A reprodução dos meios obscuros é mediada pelo imaginário; a imaginação não é transparente: é *obscura*. Ela já não é capaz de "telar" o fim. A imaginação é, ela mesma, o fim da imagem: a reprodução de novos reflexos e reverberações imaginárias.

3. DEPOIS DO FIM DE TODAS AS COISAS

Em *O fim de todas as coisas*, Immanuel Kant argumenta que o fim de todas as coisas não decorre do fim do tempo em si, mas da ausência de mudança, quando algo permanece o mesmo para sempre.

Do ponto de vista da teoria da informação, o valor informacional de tal sistema é zero: o número total de estados do sistema é igual a um. Ainda assim, a reprodução do sistema não cessa. O fim de todas as coisas, como revela o filósofo alemão, é sem fim. É, para sempre e eternamente, a repetição do mesmo.

Segundo Immanuel Kant, a magnitude infinita do fim "é uma representação contra a qual se rebela a imaginação".[22] Trata-se já do fracasso do entendimento, produzido na ausência de qualquer conceito – e, do mesmo modo, de qualquer informação. Ao mesmo tempo, o paradigma especulativo no qual o fim de todas as

[22] KANT, Immanuel. "O fim de todas as coisas". In: *Textos seletos*. Petrópolis: Editora Vozes, 1970. p. 170.

coisas deve ser pensado é a relação com uma forma particular de nada: um certo tipo de fracasso da representação e a negação inelutável do sujeito.[23]

Mas esse nada – mesmo na forma horrífica da extinção absoluta e de sua representação antitética – já não pertence ao futuro; ele está aqui e agora, em todo lugar, no fim dos tempos.

Toda energia se dissipa; a potencialidade de mudança se aproxima infinitamente de zero. É o futuro, e não o fim, que se torna uma abominação para a imaginação. A eternidade do mesmo torna impossível pensar o depois absoluto: o futuro.

O paralogismo do fim

"Mas por que os homens esperam *apesar de tudo* um fim do mundo?".[24] Depois do fim – isto é, aqui e agora – a resposta e a pergunta já não são mais as mesmas (nem mesmo uma repetição do mesmo). A pergunta que ecoa após o fim, ao contrário, assume outra forma: "por que não se pode pensar o mundo *depois do fim*?". Diferente-

[23] THACKER, Eugene. *In the Dust of This Planet:* Horror of Philosophy. Vol. 1., Londres: Zero Books, 2011.

[24] KANT, Immanuel. O fim de todas as coisas. In: *Textos seletos*. Petrópolis: Editora Vozes, 1970 p. 162.

mente da abordagem kantiana, a resposta a essa pergunta não é apenas especulativa; é a própria potencialidade da imaginação.

A potencialidade do imaginário está em produzir outra forma de informação e devolver ao sistema uma lógica distinta. Em outras palavras: reintegrar o valor zero da informação à significância dos zeros – o que, por si só, já constitui uma relação com o futuro como tal.

E "por que justamente um fim com pavor (...)?",[25] pergunta novamente *O fim de todas as coisas*. A resposta vem na forma da piada kantiana: porque o tempo presente é execrável. A representação do futuro é, na maior parte das vezes, uma crítica ao presente. O grande exterior, o além e seu horror frequentemente representam a impotência de pensar o fim do sistema capitalista e da lógica que o sustenta.[26]

Mais ainda, o nada precisa ir além do sistema. Zero contra mais zeros, imaginação opera sempre além das diagonais da matriz. A imaginação

[25] KANT, Immanuel. O fim de todas as coisas. In: *Textos Seletos*. Petrópolis: Editora Vozes, 1970 p.162

[26] Encontramos um argumento similar em RUSSELL, John. Abysmal Plan: Waiting Until We Die and Radically Accelerated Repetitionism, e-flux 46 (junho de 2013). Disponível em: https://www.e-flux.com/journal/46/60096/abysmal-plan-waiting-until-we-die-and-radically-accelerated-repetitionism/.

entra em jogo contra a simulação. O sentido é mais do que a simples função da informação.

No segundo volume de *Horror of Philosophy*, Eugene Thacker propõe uma leitura da filosofia de Immanuel Kant a partir do diagnóstico da depressão do pensador metafísico. Nessa leitura, a lógica do imaginário e das emoções deve ser dominada pela lógica (ou patologia) da razão. Mas talvez o filósofo do Iluminismo não tenha considerado que a própria razão pudesse ser a causa da depressão. Com efeito, a razão – assim como a *tecno-lógica* da infosfera – funciona rápido demais e bem demais. A tal ponto que o sistema de Kant já não consegue encontrar qualquer sentido, senão mais uma volta da engrenagem recorrente do capitalismo. A depressão é apenas mais uma parte da mecânica do capital – como na expressão *depressão econômica*, onde *depressão* não é metáfora, mas, antes, um exemplo de pleonasmo.

4. DERRETIMENTO JÁ

O futuro é quente. Porque o capitalismo é tão quente que tudo ao seu redor derrete.

Perto de *derretimento*, "aquecimento global" é um eufemismo. O aquecimento global, segundo Timothy Morton, é a evaporação do mundo e de qualquer relação com ele. Em contraste, o *derretimento* é quando tudo, até mesmo o tempo enquanto tal, se liquefaz em virtualidade e abstração. O derretimento é sempre mais quente e muito, muito mais rápido.

O futuro é *hot*. Quente demais. O futuro derrete no presente. Por isso, o chamado futuro é sempre já agora. A cultura derrete na economia, "desencadeada pelo entrelaçamento fractal da comoditização e dos computadores".[27] A informação toma o lugar do sentido; o cibertempo, o tempo dos pensamentos e sentimentos, derrete no ciberespaço, o tempo do processamento e da computação.

[27] LAND, Nick. Meltdown. In: MACKAY; BRASSIER (ed.) Fanged Noumena (p. 441–460). Falmouth: Urbanomic, 2012 p. 447.

O real se dissolve no hiper-real, e o deserto do real ganha seu nome pejorativo.

Ao mesmo tempo, a biologia se funde com a política, e tudo retorna à economia em ebulição. *Burnout* e epidemiologia viral são sintomas de um sistema superaquecido. Byung-Chul Han identifica uma analogia *unheimlich*,[28] em especial, entre o capitalismo e a Covid-19: ambos trazem a fadiga como sintoma central.[29] No entanto, talvez uma analogia viral mais precisa seja a febre: o calor de um sistema que tenta te matar, seja pelos imperativos da produção, seja pela ação direta do vírus.

O vírus do derretimento reproduz a si mesmo por meio do passado, e o futuro se derrete no presente. Nesse esteio, vem o texto de teoria-ficção *Meltdown*, de Nick Land, apresentado pela primeira vez na Universidade de Warwick

[28] N.T.: *Unheimlich* (do alemão, "inquietante", "estranhamente familiar"): termo central na teoria freudiana, designa aquilo que, sendo familiar, retorna como estranho, deslocado ou perturbador. O *unheimlich* não é simplesmente o oposto do familiar (*heimlich*), mas sua dobra sombria – o retorno do reprimido sob a forma do estranho. Em filosofia, marca a experiência de desfazimento da identidade, do lar ou da segurança do sentido.

[29] HAN, Byung-Chul. The Tiredness Virus. *The Nation*, 12 de abril de 2021. Disponível em: https://www.thenation.com/article/society/pandemic-burnout-society/.

em 1994: "Derretimento: síndrome chinesa[30] planetária, dissolução da biosfera na tecnoesfera, crise terminal da bolha especulativa, ultravírus [...]. Está prestes a devorar sua TV, infectar sua conta bancária e hackear xenodados dos seus mitocôndrios."[31] "Metrofagia: replicador parasitário em escalada interativa, que se sofistica por envolvimento não linear com o imunocolapso tecnocapitalista."[32] A representação do futuro (desde 1994) é o retorno ao presente (de volta a 2020, e em avanço rápido). Derretimento *hoje*: a alta entropia da infosfera; o calor tropical; o serviço hiperveloz da Amazon, Inc. e de seus marketplaces; o descarte e a reciclagem do fim nas intermináveis economias da reprodução; a moda *hot* das culturas revolucionárias do passado e do futuro próximos.

Já não há mais tempo. O inferno, assim como o capitalismo, é quente pra caramba. Derretimento financeiro, sociocultural, bio-

[30] N.T.: *China Syndrome* é uma expressão cunhada por engenheiros nucleares norte-americanos e popularizada pelo filme homônimo de 1979. Refere-se a um hipotético acidente em que o núcleo de um reator nuclear derreteria completamente, perfurando a crosta terrestre.

[31] LAND, Nick . *Meltdown*, p. 442.

[32] LAND, Nick. *Meltdown*, p. 452.

lógico, ambiental: segundo Slavoj Žižek, nada além dos quatro cavaleiros do Apocalipse.[33]

Exploit[34]

Com o avanço da velocidade na arquitetura computacional, uma vulnerabilidade de segurança – hoje conhecida como Meltdown (em português, "derretimento") – passou a permitir que usuários acessassem a memória virtual da maioria dos computadores fabricados desde 1995. Em 1994, mais de duas décadas antes de o ataque Meltdown ser identificado pelo Projeto Zero, do Google, Nick Land já apresentava seu próprio "derretimento" na conferência *Virtual Futures*, na Universidade de Warwick. Assim como a falha de segurança explorada no ataque técnico, o derretimento de Land também opera sobre a aceleração da velocidade do sistema. Mas, como todo *exploit*, não se trata apenas de uma instrução de leitura (lida por meio de exe-

[33] ŽIŽEK, Slavoj. *Vivendo no fim dos tempos*. São Paulo: Editora Boitempo, 2012.

[34] N.T.: *Exploit*, no jargão da segurança digital, refere-se à exploração ativa de uma vulnerabilidade, ou seja, o uso de uma falha em sistemas digitais para obter acesso indevido, executar código malicioso ou comprometer dados. No Brasil, "exploitar" designa a ação de explorar essas brechas – seja em software, hardware ou redes – com fins ofensivos ou estratégicos.

cução especulativa: o fim apocalíptico do sujeito de carne e osso e a reprodução da singularidade tecnocapitalista). Trata-se, antes de tudo, de um risco informacional: a exposição do colapso iminente daquele sistema de segurança *tecno-lógico* que conhecemos como capitalismo.

A ficção, enquanto tal, é retroalimentada pela teoria; o futuro, por sua vez, é retroalimentado pelo presente. Explore a simulação. Retroalimente o sistema.

A representação do nada sempre acaba sendo informação. Mais informação gera mais calor. Quando há calor demais no sistema, a própria informação começa a se derreter no nada: essa é a névoa da teoria. Essa névoa torna impossível distinguir o que é imagem e o que não é, o que é visível e o que jamais será. Os sujeitos então se escondem na neblina, na névoa cinza entre zeros e uns.[35]

Softwar, a guerra suave

A guerra se derrete em simulação. Essa é a guerra semiótica, ou *softwar*: guerra econômica, guerra informacional, guerra ambiental, guerra contra o vírus – a zona de combate sua-

[35] Compare com TIQQUN. *The Cybernetic Hypothesis*. Trad. Robert Hurley. Los Angeles: Semiotext(e), 2020 (2001).

ve das guerras culturais. As guerras culturais só acontecem no campo da maquinação. A simulação da guerra é mais real do que a própria guerra. Ela percorre os circuitos fechados do hiper-real.

Derretimento é guerra suave, *meltdown* é *softwar* (executar: softwar.exe).

> A guerra no ciberespaço é contínua com sua própria simulação: a inteligência militar combate guerras futuras que são inteiramente reais, mesmo quando jamais se concretizam fora dos sistemas computacionais. Mirar no inimigo real se transforma, sem fricção, em abate virtual: uma simulação meticulosamente ajustada para que predadores de mercado continuem caçando dinheiro do consumidor e índices de audiência entre as relíquias fosforescentes do *videodrome*. [...] A fusão entre o aparato militar e a indústria do entretenimento consuma um longo noivado: TV, telecomunicações e computadores convergem, conduzindo o consumo massivo de software rumo à neo-selva e à guerra total. A lógica dos jogos, então, passa a reger tudo.[36]

[36] LAND, Nick. *Meltdown*, p. 454.

O derretimento de Nick Land é, no fundo, um código de trapaça[37] para o dito futuro da guerra. Reformate-o no presente. Faça o upload no *softwar*. Descubra novas linguagens de programação para a guerra suave. Reescreva o derretimento: "A história assim prossegue: [o capitalismo é capturado pelo imaginário tecno-apocalíptico]"[38]

O código de trapaça para pular de nível e ganhar o jogo de guerra. A trapaça não é contrária à máquina, mas vem de dentro da lógica e mesmo da época da simulação: seja como for, os trapaceiros jogam o jogo. O código de trapaça ou opera ou penetra na tecno-lógica da máquina: ou é escrito pelo engenheiro de software ou pelo teórico do *softwar*. O código de trapaça: Shift + CTRL.

Para rodar o código de trapaça, leia primeiro o manual de instruções (com o objetivo de reescrevê-lo). *A arte do softwar*: "a excelência suprema consiste em vencer o inimigo sem ser preciso lutar".[39] "Desse modo, a forma mais so-

[37] N.T.: Em inglês, "*Cheat Code*", comando ou sequência usada em videogames para obter vantagens ilícitas, como vidas infinitas, destravamento de fases ou aceleração do jogo.

[38] LAND, Nick. *Meltdown*, p. 441 (paráfrase).

[39] SUN TZU. *A arte da guerra*. São Paulo: Golden Books, 2007, p. 35.

berba de generalato é frustrar os planos do inimigo"[40] – com o seu próprio plano.

Hardwar, a guerra dura, por outro lado, é a impossibilidade da guerra enquanto guerra pelo sujeito. A impossibilidade do sujeito em seu sentido mais extremo: assassinato e suicídio. O fim do *softwar* não é vencer o *hardwar*, porque vencer é também perder tudo. Em vez disso: recomeçar. Recomeçar tudo de novo *a partir dos zeros.*

Para a guerra do assim chamado futuro, estude como a simulação funciona. Vá (com dureza) rumo ao hiper-real.

[40] Idem.

5. VIOLÊNCIA CONTRA O IMAGINÁRIO

A imagem não pode se apresentar sem certa força, sem certo grau de violência. Para efetivamente vir à luz, ela deve sempre remover, afastar, relegar outra imagem ao fundo.

A imagem do Sol é, nesse sentido, a mais cruel de todas: só se apresenta obliterando todas as demais imagens, inclusive a si mesma. Segundo a alegoria platônica da *República*, apenas após certo tempo a imagem do Sol e sua luz do dia se tornam plenamente visíveis.

Hoje, já não há mais tempo para que a imagem entre em cena. Como escreve Jean Baudrillard, à imagem não é concedido nem mesmo o breve instante necessário para que se torne imagem. Não há signos, apenas a flutuação da economia; não há troca, só compartilhamento imediato. *Auto-play* e rolagem infinita são as tecnologias dessa virulência: a violência da imagem que desaparece no fluxo das imagens, na turborreprodução de mais e mais signos.

Turboviolência

A violência futurista da velocidade, o hiperfuturismo da competição, a virulência da cibereconomia.

Hoje, a violência não está, estritamente falando, na imagem, mas no intervalo entre uma imagem e outra. Essa forma hipercapitalística de violência não é apenas a violência da informação, mas a viralidade dos anúncios, do *fast fashion*, da influência digital; a virulência da cultura pop e de seus *hits* hipercompetitivos e efêmeros. Em cada caso, em cada exemplo, não há imagem: apenas a velocidade do capitalismo e sua reprodução.

Não é mais possível falar sobre uma imagem como algo singular. A cada minuto, torna-se cada vez mais difícil desacelerar, pausar, voltar ao ideal da imagem estática – talvez àquilo que Roland Barthes, em *A câmara clara,* chama de "Fotografia" com F maiúsculo. *O capital da imagem* já está em movimento, como se numa semiose infinita. Assim, as imagens não podem significar o fim, porque não se encerram e nunca param de se encerrar.

Do mesmo modo, o *glitch*[41] do meio é apenas outra imagem, um espasmo do olho. O ruído

[41] N.T.: *Glitch* é a falha momentânea em sistemas digitais que gera distorções em imagens, sons ou códigos.

do *glitch* já é decodificado e recodificado de forma rápida e suave: a violência entre as imagens é restaurada. Parafraseando Byung-Chul Han, *tornou-se quase impossível fechar os olhos; mal se pode piscar.*

A imagem violenta a si mesma. Como observa Jean Baudrillard em *The violence of images, violence against the image*, a imagem é o meio da violência, cuja mensagem é, e só pode ser, mais violência.

Fig. 1. Kanye West, "Welcome to Heartbreak" (2:11).

Se a imagem racha, como em "Welcome to Heartbreak", de Kanye West (2:11), outra imagem já surge logo em seguida (2:14). Mal há tempo para a imagem e seu imaginário: tudo muda, mas não há devir. Talvez por isso não haja, de fato, imagem em "Welcome to Heartbreak", apenas violência contra as imagens, a incessante destruição e reprodução de mais imagens (*I've seen it / I've seen it before / I've seen it / I've seen it before / I've seen it / I've seen it before...*").[42]

Fig. 2. Kanye West, "Welcome to Heartbreak" (2:14).

A imagem se encerra, mas as imagens não concluem a reprodução de seu próprio fim (isto é, o capital): apenas o fazem agora de forma mais *rápida*, mais *violenta*. Outro exemplo, os *hot glitches* de "Yamborghini High", do A$AP Mob, onde as imagens se fundem umas às outras e os pixels sangram num fluxo interminável de signos e semiocapital. A violência se reproduz

[42] Tradução livre: "Eu vi / Eu já vi isso antes / Eu vi / Eu já vi isso antes / Eu vi / Eu já vi isso antes..."

na velocidade turbo da máquina: "*catch a nigga flyin' by in a Lambo.*"[43]

Variação após variação, a reprodução das imagens torna-se mais suave e limpa. Não há aspereza na viralidade do semiocapitalismo. Assim como em "Money Machine", do 100 Gecs, essa nova forma de violência soa assim: "*Big boys coming with the picture / Feel so clean like a money machine.*"[44]

Cibertempo e ciberespaço

O cibertempo é o intervalo necessário para que uma imagem se torne imagem: o tempo necessário para pensar, sentir, lembrar, imaginar. Mas, quando a reprodução das imagens ultrapassa o cibertempo, quando as imagens excedem a capacidade da memória e da imaginação, provocando um *overflow*, já não há mais possibilidade de armazenamento ou redirecionamento. Apenas mais reprodução.

O cibertempo entra em colapso, não há mais tempo nas imagens, apenas reprodução sem produção, porque o novo, com frequência, é lento demais, pesado demais para ser carregado.

[43] Tradução livre: "catar o mano voando numa Lambo".

[44] Tradução livre: "Os fodões entram na cena / lisos como máquina de grana".

(*Erro: novo.exe não pode ser aberto.*). Do mesmo modo, a novidade do *glitch* é reproduzida com tanta velocidade que se torna apenas mais uma forma repetida, emulada, de violência sem tempo nem memória (como no comercial da Reddit no Super Bowl, em que o logotipo laranja e branco da empresa pisca por um instante no meio de uma propaganda de seis segundos).

O cibertempo é reiniciado pelo ciberespaço. A única reação possível é a da imediaticidade virtual. "Aceitar", "negar", "curtir", "arrastar para cima", "clicar" o bip da máquina. "O semiocapitalismo coloca as energias neuropsíquicas para trabalhar, submetendo-as à velocidade mecanicista e forçando a atividade cognitiva a seguir o ritmo da produtividade em rede". "Como resultado", escreve Bifo em um artigo de 2010, "a esfera emocional ligada à cognição é levada ao seu limite. O ciberespaço sobrecarrega o cibertempo, porque o ciberespaço é uma esfera sem limites, cuja velocidade pode se acelerar indefinidamente, enquanto o cibertempo (o tempo orgânico da atenção, da memória, da imaginação) não pode ser acelerado além de certo ponto – senão se quebra".[45] À medida que

[45] BERARDI, Franco. Cognitarian Subjectivation. *e-flux* 20 (novembro 2010). Disponível em: https://www.e-flux.com/journal/20/67633/cognitarian-subjectivation/.

a comunicação é reduzida à informação, os sentimentos retornam como afetos, apenas porque estes se reproduzem com mais rapidez e suavidade no ciberespaço.

Nesse sentido, não é apenas a imagem que se retrai no espetáculo do capitalismo; o espectador também desaparece em meio à sobrecarga, *overflow,* das imagens. Já não há espaço disponível suficiente para carregar um novo imaginário.

Punctum e *Affectum*

Hoje, tudo está destinado a se tornar visível, a excitar os sentidos. Ao mesmo tempo, menos e menos imagens são realmente vistas, menos ainda são sentidas. Trilhões de imagens são armazenadas e reproduzidas diariamente. Mas, à medida que o número de imagens se multiplica, a imaginação se apaga. Como comenta Susan Sontag, em seu livro sobre imagens e a representação da violência, "Após [seis] décadas de caríssimos filmes de catástrofe produzidos em Hollywood, 'parecia um filme' substituiu a maneira pela qual sobreviventes de uma catástrofe exprimiam o caráter a curto prazo inassimilável daquilo que haviam sofrido: 'Foi como um sonho.'"[46] A violência é carregada no ciberespa-

[46] SONTAG, Susan. *Diante da dor dos outros*. São Paulo: Companhia das Letras, 2016. Edição digital.

ço, embora já não haja espaço suficiente para o medo ou o choque. Os sonhos são resetados.

Não há sequer perigo nas imagens, nenhuma pungência. As imagens carecem daquilo que Roland Barthes chamou de *punctum* — a singularidade da figura, o impacto emocional. Não há risco de dano nas imagens, a não ser o da mera simulação. As imagens são excessivamente planas. Já não existe diferença estética alguma, nenhuma pontuação, entre a imagem e o espectador. As imagens não são diferentes do olhar.

O meio das imagens produz o *affectum*. A afetação é mais rápida que os sentimentos propriamente ditos. Sua reprodução é imediata (por contágio ou viralidade). Já não resta tempo, então, para imaginar, sentir, pensar, quase sequer para olhar. O *affectum*, escreve Byung-Chul Han, "*grita e excita*. Provoca somente excitações e estímulos sem fala que suscitam agrado imediato".[47]

Introduzir o *glitch* na violência

A imagem é violenta, escreve Roland Barthes em *A câmara clara*, porque "enche de força a

[47] HAN, Byung-Chul. *A salvação do belo*. Lisboa: Relógio D'água, 2018 (2015), p. 51.

vista".[48] Com a mesma força, a imagem sobrescreve o imaginário.

Revoltar-se, expor e denunciar essa violência exige imaginar outra: uma violência alternativa, que não apenas acelere a imagem, mas intensifique a ferocidade do meio, na expectativa de que se rompa, reinicie e se estilhace em *glitches* que insinuem um novo imaginário.

O *glitch* representa uma violência contra o fluxo da informação. Segundo Rosa Menkman, os *glitches* "levam qualquer meio a um estado crítico de hipertrofia, para então expor e criticar sua política interna".[49] Ruído contra ruído, turboviolência contra a distorção *glitch*.

Ainda assim, os *glitches* serão sempre reproduzidos e neutralizados pelo fluxo incessante de imagens. Acabam virando moda, glamour. No final das contas, a ruptura é *temporária*. Isso, porém, não é apenas uma limitação, mas a própria causa do *moment(um)* do *glitch*: "o potencial que qualquer *glitch* tem de modular ou danificar produtivamente as normas da tec-

[48] BARTHES, Roland. *A câmara clara*. Rio de Janeiro: Nova Fronteira, 1984, p. 136.

[49] MENKMAN, Rosa. *The Glitch Moment(um)*. Amsterdam: Institute of Network Cultures, 2011, p. 11.

nocultura, no instante em que esse potencial é captado pela primeira vez".[50]

> O conceito de moment(um) possui duas faces. Primeiro, há o momento, vivido como o *unheimlich*: uma perda ameaçadora de controle que atira o espectador num vazio (de sentido). Esse momento torna-se então um catalisador, adquirindo um certo *momentum*. O ruído se transforma em *glitch* ao atravessar um ponto crítico momentâneo, no qual pode tanto colapsar em falha quanto forçar o espectador a acessar novos conhecimentos sobre a *techné* do *glitch* e os fluxos de mídia reais e presumidos.[51]

O *moment(um)* do *glitch* tem o poder de rachar o ciberespaço. E, talvez, quanto mais *longo* for seu momento, *maior* será seu *momentum*, seu ímpeto.

Em 11 de setembro de 2001, o site da CNN saiu do ar por várias horas: a catástrofe do ciberespaço. O fluxo capitalista de imagens é interrompido. Simultaneamente, o imaginário do fim reproduz a si mesmo. Os espectadores

[50] MENKMAN, Rosa. *The Glitch Moment(um)*. Amsterdam: Institute of Network Cultures, 2011, p. 8.

[51] MENKMAN, Rosa. *The Glitch Moment(um)*. Amsterdam: Institute of Network Cultures, 2011 p. 31.

sonham com o fim: um sonho sem imagens, semelhante ao sono.

A imagem retorna ao nada, e o nada à imagem, até não se poder mais distingui-los. Como um sol negro, o *glitch* abole a diferença entre imagem e não imagem, função e erro. Nem a indiferença do *affectum*, nem a perturbação do *punctum*.

Os olhos estão quase fechados e, ainda assim, *há* uma imagem – o hipernada da tela preta. A ociosidade do sentido.

O que sobra ali depois que a imagem desaparece, o que permanece após o fim, é apenas imaginário.

A poética do vírus

> O que podemos aprender com um vírus de computador? Um vírus de computador corrompe os dados. Um vírus de computador custa ao capitalismo. Degrada a produtividade dentro da máquina. Um vírus de computador é uma ameaça ao funcionamento da máquina e a sua economia [...] Espera-se que as máquinas funcionem bem e funcionem rápido. Um vírus de computador desencadeia as respostas mecânicas de lentidão de maneiras imprevisíveis para a pessoa usuária: carregamento intermi-

> nável, travamento, danos, exclusão, reformatação. Essa lentidão desloca o tempo e o espaço, alterando a relação da pessoa com a máquina.[52]

Essa lentidão, essa violência contra a economia da máquina, aprofunda a reinicialização da relação com o imaginário. Como nós, o vírus sonha um sonho sem imagens, quase semelhante ao sono. Imagina um novo modelo de fim, uma série de zeros e uns convertidos em números imaginários. Do curto-circuito da reprodução à imaginação de circuitos abertos.

[52] RUSSELL, Legacy. *Feminismo Glitch*. Belo Horizonte: Editora Ayiné, 2023.

6. *OVERDRIVE* E SENTIDO: *LES RALLIZES DÉNUDÉS*

Drone and Apocalypse é uma coletânea de escritos de Cynthia Wey sobre música e fim dos tempos, apresentada como um catálogo de exposição datado de 2213. Cynthia Wey é uma artista fracassada que, no alvorecer do século XXI, aguarda o fim do mundo ao som de William Basinski, Boards of Canada, Celer, Tim Hecker e Éliane Radigue. No capítulo final do livro, entra em cena a música dos Les Rallizes Dénudés – o som do fim, saturado por distorções pesadas e tornado obscuro pela poesia sombria de Takashi Mizutani. "*Deeper than the night, darker than darkness. / There was blood and madness in the place where you awoke. / Under the beaming sky, you unfold your black wings, / Just as you wanted. After the black sunrise, / You'll meet them whenever you cross through the flames of ice.*"[53]

[53] Tradução livre: "Mais profundo que a noite, mais escuro que a escuridão. / Havia sangue e loucura no lugar onde você despertou / Sob o céu fulgurante, você abre suas asas negras, / exatamente como desejava. Depois do alvorecer negro / você os encontrará sempre que atravessar as chamas de gelo."

A estética do apocalipse não está apenas nas letras, mas na própria alta voltagem do amplificador, no caos de distorções *overdrive* e nas longas reverberações que definem a sonoridade dos Les Rallizes Dénudés. Ali, em meio ao pandemônio da música, o apocalipse é real e imaginário ao mesmo tempo. "As palavras caem, como tudo o mais" – escreve Cynthia Wey no primeiro ensaio do catálogo da exposição. Só resta o ruído e, depois, mais nada; e, novamente, mais nada e visões infernais. "*The whispering angel will tell you / That you have to abandon everything. / The night, in all its radiance, / Sends it straight to your core. / Deeper than the night, darker than darkness. / You'll continue to fight. Death and madness.*"[54]

Nota do autor: A letra de "Deeper Than The Night", geralmente referida na internet pelo título alternativo "Strung Out Deeper Than The Night", foi traduzida para o inglês pelo usuário slioganach, do Rate Your Music, conforme citado em Daniel Hess, "Les Rallizes Dénudés: The Psychedelic Music Behind the Mayhem", Perfect Sound Forever (agosto de 2021). Disponível em: https://www.furious.com/perfect/lesrallizesdenudes2.html.

[54] Tradução livre: "O anjo sussurrante vai lhe dizer / Que você precisa abandonar tudo. / A noite, em todo o seu fulgor, / Comunica isso direto ao seu íntimo. / Mais profundo que a noite, mais escuro que a escuridão. / Você continuará lutando. Morte e loucura." Les Rallizes Dénudés, "Strung Out Deeper Than the Night", 1977, faixa 1, em *Heavier Than a Death in the Family* (not on label), 2002, CD.

LRD

Distorção, segundo a definição de Claude Shannon, é ruído com função. Se existir uma função inversa, a distorção pode ser corrigida.[55]

Por outro lado, os Les Rallizes Dénudés (daqui em diante, LRD) são ruído revolucionário, distorção entrópica e *overdrive* político direto do Japão. A música do LRD é barulhenta demais e, sobretudo, anárquica. O *fuzz* da guitarra de Takashi Mizutani é a destruição do som, a reverberação do nada.

Mas esse caos sonoro não é, assim como está, jamais gravado. Ele apenas é roubado.

[55] No início da discussão sobre ruído na teoria da informação, Claude Shannon define *distorção* como um exemplo no "caso em que o sinal seja perturbado por ruído durante a transmissão ou em algum dos terminais. Ou seja, em que o sinal recebido não seja necessariamente o mesmo que foi emitido pelo transmissor [*transmitter*]. [...] Se um sinal transmitido específico sempre produz o mesmo sinal recebido, por exemplo, se o sinal recebido é uma função definida do sinal transmitido, então o efeito pode ser chamado de distorção. Se existir uma função inversa – e não há dois sinais transmitidos que produzem o mesmo sinal recebido – a distorção pode ser corrigida, pelo menos em princípio, performando-se a operação funcional inversa no sinal recebido." (Claude E. Shannon, 'The Mathematical Theory of Communication', in Claude E. Shannon and Warren Weaver, *The Mathematical Theory of Communication*, Urbana: University of Illinois Press, 1998 (1949), 29–108, p. 65).

O LRD nunca lançou um álbum de estúdio. Por quê? Basta ouvir qualquer faixa das gravações piratas (por exemplo, *Heavier Than a Death in the Family*, de 2002) e compará-la com o mais próximo que a banda psicodélica de Takashi Mizutani chegou de um álbum de estúdio em trinta anos (*'67–'69 Studio et Live*, de 1991): é como comparar a explosão de uma erupção vulcânica com o som borbulhante da rubra lava quente.

A primeira regra do LRD é: nunca grave nada em estúdio.[56] Na verdade, as gravações de 1991 são apenas mais um som para o engenheiro, outro signo para a indústria. Menos sentido, mais e mais reprodução do mesmo. Já as gravações piratas, que hoje compõem a maior parte da discografia da banda japonesa, não dizem respeito à quantidade nem à qualidade da reprodução, mas a algo radicalmente distinto. Usando os termos de Claude Shannon, as gravações piratas do LRD são o signo de um ruí-

[56] Enquanto a segunda regra é: "Toque apenas com músicos para os quais mesmo o menor desvio do riff soe, de fato, calamitoso." A terceira regra: "Nunca lance discos (nunca, jamais)." E a quarta e última: "Persista por três décadas até que o mundo lá fora perceba" (COPE, Julian Japrocksampler: How the Post-War Japanese Blew Their Minds on Rock 'n' Roll. Londres, Oxford, Nova York, Nova Déli, Sydney: Bloomsbury, 2007, p. 165).

do *sem* função inversa. Muito mais do que um canal com ruído e seu sinal; mais do que outro signo decodificado e sua economia. Trata-se da impossibilidade de reproduzir o que nunca esteve ali desde o início: som sem ruído, sentido em forma de informação. Isso não é apenas o nada – é o hipernada.

As palavras desabam, assim como o sentido. A microfonia da guitarra de Takashi Mizutani, nesse sentido, é mais do que representação ou significação. É feita de tudo o que apagou, de tudo que foi destruído pelo ruído – de tudo que, agora, é mero imaginário.

O regime fascista da engenharia de som

Em *A teoria matemática da comunicação*, Claude Shannon não define os conceitos de distorção e canais com ruído como mera abstração. Ele propõe, junto disso, um caminho para construir um sistema de correção, um regime disciplinar específico para a informação.

Com base no diagrama abaixo, Shannon teoriza "um sistema de comunicação e um observador (ou dispositivo auxiliar) que pode ver tanto o que é enviado quanto o que é recuperado (com erros devido ao ruído). Esse observador registra os erros na mensagem recuperada e transmite dados ao ponto receptor através de um 'canal de correção', permitindo ao receptor corrigir os erros."[57] Esse aparelho auxiliar - ou, para usar um termo mais foucaultiano, o *dispositivo* auxiliar - é pura máquina. Mas pode ser também um sujeito: o engenheiro de som, que observa os sinais transmitidos e recebidos e corrige o segundo a partir do primeiro; ou o produtor, que capta o sentido pretendido e o sentido percebido e atua tanto por meio deles quanto contra eles.

O dispositivo auxiliar é um redutor de ruído. É, também, uma estratégia de marketing.

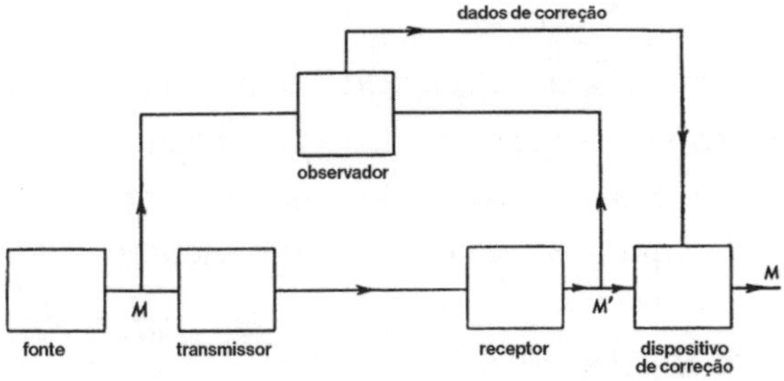

Fig. 3. Claude E. Shannon Schematic Diagram of a Correction System (*The Mathematical Theory of Communication, p. 68)*

[57] SHANNON, Claude E. *The Mathematical Theory of Communication*, p. 68.

Citemos, nesse sentido, o documentário independente dirigido por Ian Svenonius, *What is a Group?* (também conhecido como *The First Sci--Fi Documentary Rock 'n' Roll Exploitation Film*):

> O que é o engenheiro? Geralmente, o engenheiro trabalha para o estúdio de gravação. Ele ou ela é um trabalhador assalariado que realiza tarefas especializadas, com a função de registrar os sons produzidos pela banda por meio dos diversos dispositivos de gravação do estúdio. A mesa que você me vê operando é chamada *mesa de mixagem*: cada alavanca controla o volume de um dos microfones. Essa técnica de isolamento serve para ajustar o volume relativo de cada som gravado. [...] O engenheiro está entre aquilo que a banda imagina e aquilo que a banda realmente cria.[58]

O produtor, assim como o engenheiro de som, reproduz informação contra o nada do imaginário, contra a própria estética do apocalipse enquanto tal.

Nenhuma revelação. O ruído é apenas mais som. O sentido é mera informação.

[58] *What is a Group?* (dir. Ian Svenonius, 2016), Strawberry City, https://www.youtube.com/watch?v=8Izlj7-T5S4&t=281s).

Não surpreende, portanto, a aversão de Takashi Mizutani a essa tecnologia de gravação musical, disciplinar e fascística. A revolução não será operada por engenheiros de som.

Para o bem ou para o mal, a revolução do LRD acabou televisionada quando, em 31 de março de 1970, o baixista da banda, Moriaki Wakabayashi, sequestrou um Boeing 727 armado com espadas samurais e explosivos. Como consequência, o LRD foi rejeitado pela cena do rock underground japonês. A banda se desfez.

O apocalipse não vai acontecer

Cynthia Wey (que é ninguém mais do que o alter ego de Joanna Demers) sabe que o apocalipse *não vai acontecer.* Duzentos anos antes da exposição de arte de Cynthia Wey, no ano de 2013, Joanna Demers escreve: "Não há apocalipse, porque o apocalipse sempre esteve e sempre estará conosco."[59]

Talvez por isso também Cynthia Wey nunca tenha tentado descrever o fim em si. Sua abordagem é mais teórica do que especulativa. Como ela mesma afirma, referindo-se à *Ciência da lógica*, de Hegel: "o fim é o momento em que

[59] DEMERS, Joanna. Ambient Drone and Apocalypse. *Current Musicology* 95 (primavera de 2013), p. 108.

as palavras falham, em que tudo falha, em que os limites são alcançados, quando o infinito se revela como real e o finito como ideal."[60]

Da mesma forma, o som do LRD não representa o fim. Ele marca o retorno da presença do fim na forma de ruído. É a relação com um nada que vai além da criação e da destruição; um nada reproduzido em série de zeros pela máquina, mas que é muito mais do que isso.

A máquina nada sabe sobre o tempo do fim. Ela o ignora, porque esse tempo, no sentido próprio do termo, de fato não existe. É imaginário. É menos que um sonho, mais próximo de um sono sem fim. É inútil tentar traduzir esse sono em sonho. O zero, que é infinito, está para sempre ausente da equação.

[60] DEMERS, Joanna. *Drone and Apocalypse*, p. 25.

7. ETERNO *LOOP* DE DESTRUIÇÃO

A mesma música se repete em *loop*. No meio analógico, a direção do tempo é irreversível: a informação se degrada, a fita magnética se desintegra. A mesma música toca novamente, agora em meio digital. Aqui, o tempo se torna reversível: zeros e uns reproduzem o mesmo, sem qualquer diferença real. A virada tecnológica do analógico para o digital marca a passagem de um tempo irreversível para um tempo reversível e, em termos mais psicanalíticos, para uma recusa da morte.

Capitalismo e a pulsão de morte

Julian Casablancas, do The Strokes, canta: "*The end has no end, the end has no end... / The end has no end, the end has no end...*"[61] É impossível não dar o *play* e ouvir a música repetidas vezes – e, com isso, dar replay também em sua eco-

[61] Tradução livre: "O fim não tem fim, O fim não tem fim... O fim não tem fim". The Strokes, 'The End Has No End', 2003, faixa 10, em *Room on Fire* (Nova York: RCA), 2003, CD.

nomia política. O tempo é revertido e repetido outra vez. O signo do fim já não significa mais nada. O retorno do mesmo é apenas mais uma forma de acumulação. Trata-se de uma pulsão por uma certa forma de tempo produtivo: tempo para consumir de novo. Na canção do The Strokes, o tempo assume a mesma forma de qualquer outra mercadoria; portanto, sua reprodução não passa de um alívio momentâneo diante do próprio tempo e da morte.

Em *Além do princípio do prazer*, Sigmund Freud explica a compulsão à repetição nas crianças como desejo de regressar a um estágio anterior. No entanto, é possível que seja também o contrário: uma tentativa de suprimir os perigos do fim. Como afirma Byung-Chul Han em *Capitalismo e pulsão de morte*: "O capital é acumulado para escapar da morte. O capital pode ser entendido também como tempo coagulado. O capital infinito cria a ilusão de um tempo infinito."[62]

Ouvir a mesma música repetidamente – sobretudo músicas massificadas como o indie rock do The Strokes – não é uma forma de produção, mas um modo de escapismo diante da pressão por produzir, o que, no fim, reforça a

[62] HAN, Byung-Chul. *Capitalismo e impulso de morte*. Petrópolis: Editora Vozes, 2021 p. 14.

própria produtividade.[63] A música toca de novo, e o tempo de lazer se assemelha cada vez mais ao tempo de trabalho. O tempo do capital nunca é congelado: é um tempo sem si mesmo, um tempo sem morte. A ênfase, portanto, não está na acumulação, como propõe Byung-Chul Han, mas no consumo: tempo para consumir mais e, ainda, para ser consumido sem fim.

A necropolítica do *loop*

Em *A ilusão do fim*, Jean Baudrillard escreve que o fim é sempre vivido após seu próprio término. Hoje, já não há mais tempo depois do fim: não há mais tempo para acabar. Assim que o fim se reproduz, se reproduz infinitamente, em *loop*. *Tocar novamente?* Nada menos e nada

[63] "Se já não podemos confiar na música para induzir ao frenesi rodopiante do dervixe, ela pode oferecer, ao menos, um manto de proteção contra as responsabilidades do minuto e da hora, geralmente tão carregadas de medo da morte e ansiedade sexual. A música tornou-se, essencialmente, um santuário, uma igreja onde se busca alívio do tempo. Sua função agora é, de fato, apenas a de expandir o tempo para o ouvinte contra sua incessante contração pelas mãos do setor industrial, com todas os seus produtos e invenções que 'poupam tempo'. [...] Que a música tenha se tornado instrumento de consumo é mais uma dessas ironias reflexivas particularmente sinistras" (SVENONIUS, Ian. Time is Money. In: GILL, G. (ed). *The Psychic Soviet:* And Other Works. Chicago: Drag City, 2020 (2006), 135–146, p. 140–141).

mais do que uma proposta pervertida de imortalidade. Na verdade, já quase não há vida, porque já não há morte.

Em *Preso na escuridão*, assim como em seu infame remake com Tom Cruise, *Vanilla Sky*, a morte deixou de existir. O protagonista paga para que a vida de sua amada (interpretada por Penélope Cruz em ambos os filmes) seja reproduzida por meio de uma simulação onírica. Ele vive numa fantasia em que a morte é negada pelo capital e o tempo é abolido pela tecnologia (uma cortesia da empresa privada *Life Extension*).

Já não há fim porque não há mais tempo para acabar. A única certeza não é mais a morte, mas o capital.

Salvar e destruir

The Disintegration Loops é uma série de álbuns de William Basinski sobre o fim e o paradoxo de sua reprodução. Os loops têm origem em fitas de música achadas (*found music*) e captações de transmissões de rádio de ondas curtas, que o artista converteu de uma fonte analógica para meio digital. Todavia, ao transferir de um suporte para o outro, os loops começaram a se desintegrar. Pequenas partículas de óxido de ferro da base plástica da fita se soltaram e caíram, por acidente, na faixa de áudio à medida que a gravação passava pelo cabeçote do gravador.

Onde havia poeira de ferro, o meio digital reproduz o silêncio.

Som-zero. O nada da bobina plástica.

Vinte minutos após o início do primeiro dos quatro loops, o som se desintegra, e o silêncio passa a ocupar o próprio loop. Ao final, o som da gravação tende infinitamente ao zero.

O nada é reinserido no ser e na mercadoria em que o tempo se tornou. O replay do mesmo é, também, o play do *mesmo* nada.

O fim é reproduzido repetidas vezes: sem fim. Trata-se apenas de outra forma de *pulsão de morte*.

Foi na manhã de 11 de setembro de 2001 que a transferência e a oxidação gradual de *The Disintegration Loops* chegaram ao fim. Desde 2012, um trecho da série, junto com uma instalação em vídeo do horizonte do Brooklyn filmada por William Basinski no dia dos atentados, é reproduzido em *loop* no Marco Zero (no Museu Nacional Memorial de Nova York). O código binário ocupa agora o lugar das Torres Gêmeas.

Para Mark Fisher, a série de Basinski "é uma parábola (quase perfeita) para a mudança da fragilidade do analógico para a reprodutibilidade infinita do digital."[64] Na verdade, a gravação não se destrói.

A ilusão do fim é reproduzida. O fim retorna ao nada e não para de retornar: zeros após zeros após zeros. Mas então já não há nada. Zeros e uns deixam de se distinguir do próprio zero. Mais uma vez, nada mais, nada menos que o hipernada: um tipo de nada que vai além da criação e da destruição, além da realidade e de sua reprodução. É a relação simbólica com o fim enquanto tal, "após ter realmente acontecido, em sua elaboração simbólica",[65] conforme diz Jean Baudrillard em *A ilusão do fim*. É aquilo que vem depois da economia do fim.

A reprodução é igual a zero. O zero se reproduz sem fim; sem avanço, repetidamente.

Em 23 de agosto de 2017, uma versão ainda mais longa do primeiro álbum de William Basinski foi enviada ao YouTube por um canal independente com poucos milhares de inscritos. Do zero ao ainda menos. A duração da gravação foi esticada de uma para oito horas. O éon toma o lugar do tempo da faixa.

[64] FISHER, Mark. *Fantasmas da minha vida*. São Paulo: Autonomia Literária, 2022, p. 178.

[65] BAUDRILLARD, Jean. *The Illusion of the End*. Trad. Chris Turner. Cambridge: Polity Press, 1994 (1992), p. 90.

8. TECNOLOGIA GRAU ZERO

Não há negação na imediaticidade. O código da máquina rejeita a negatividade. *A negação produz um nada ácido dentro da máquina.* Só a linguagem pode desconectar a representação da referência, desconectar a imagem da máquina da imaginação. Franco "Bifo" Berardi, acompanhando o argumento de *An Essay on Negation*, de Paolo Virno, escreve: "Apenas a linguagem estabelece a possibilidade de negar aquilo que nossos sentidos experimentam. A negação funciona como um interruptor que rompe o vínculo natural entre a experiência sensorial e sua elaboração consciente. A experiência imediata conhece um estado de ser, mas apenas a linguagem pode negar o estado de ser reconhecido pela experiência. Nesse sentido, podemos dizer que a negação é o começo de toda mediação."[66] A negação perverte e destrói a reprodução da máquina, e até mesmo o próprio real.

Mas é num segundo estágio, quando a negatividade é abstraída em uma função lógica, que a

[66] BERARDI, Franco. *And: Phenomenology of the End*, p. 14.

linguagem passa a reproduzir a ordem da máquina. A própria linguagem é reformatada como um sistema de comandos: "aceitar", "cancelar", "curtir", "descurtir", "compartilhar", "OK", "Pressione o para continuar". A partir daí, já não há mais referência ao real, já não há mais imaginário além daquele que o código da máquina já reproduz.

Hoje, a mediação da linguagem é cada vez mais suprimida pela imediaticidade das imagens. Ao longo de duas décadas, as plataformas de redes sociais parecem ter migrado de modelos de comunicação centrados na palavra (como MSN Messenger e Twitter) para formas mistas ou predominantemente visuais (como o Facebook e o Instagram, e mais recentemente o Snapchat e o TikTok). Nada surpreendente: imagens são compartilhadas e consumidas em um ritmo muito mais acelerado que a linguagem.

Como resultado, torna-se cada vez mais difícil negar e recusar. A função negativa do botão "descurtir" é reprimida em favor de mais reprodução (como, por exemplo, no YouTube). A máquina não tem botão de desligar. Paradoxalmente, quando tudo deveria se tornar visível, tudo se retrai numa espécie de transparência. Parafraseando Giorgio Agamben, a tela "se tela" por trás da imagem, como se desaparecesse na ilusão de imaterialidade e imediaticidade. O meio é abstraído no idealismo da reprodução. O tecnocapitalismo está virtualmente em toda parte, a ponto de recuar para uma forma de transparência. A negação, no entanto, só será possível enquanto houver referência ao meio.

Hoje, a comunicação nas redes sociais torna-se cada vez mais uma forma específica de hiperconexão – "e... e... e..." – sem negação, sem falhas elétricas. Concordar com os termos e condições reduz-se a *não discordar deles*. Todas as opções já vêm automaticamente ativadas. Mais uma vez a linguagem é reprogramada dentro da máquina. Gostou disso? *Vai amar aquilo.*

Quase não há possibilidade de dizer *não*: a língua materna do sujeito é violentada pela reprodução incessante de signos. Só há o "chiado da tecnofoda de máquinas desejantes" (distorcendo uma citação de de Nick Land).[67] Além disso, à medida que a comunicação se torna cada vez mais gráfica, também se torna pseudopornográfica: tudo é exibido, nada é negado. Tudo já vem plugado, exclusivamente para fins de reprodução *softcore*.[68]

[67] Nick Land, 'Machinic Desire', in Robin Mackay and Ray Brassier (eds) *Fanged Noumena*, Falmouth: Urbanomic, 2012 (1993), 319–344, p. 344.

[68] N.T.: *Softcore* é um termo originado na indústria por-

Ataque de negação de serviço (DoS)

As máquinas nada sabem sobre o fim. Para o sistema da máquina, nada há além do estado presente. Um artigo recente publicado pelo Institute of Network Cultures afirma: "Os computadores não conseguem se perguntar o que poderia dar errado se aquele código for executado. A lógica do computador só reconhece seu próprio estado quando já alcançou esse estado."[69] A máquina não conhece o tempo-fim. Ela apenas reproduz, freneticamente.

```
reproduzir() {
    reproduzir | reproduzir &
}; reproduzir
```

A função *reproduzir()* é executada de forma recursiva. Acima, temos um exemplo de *wabbit*.[70]

nográfica para designar conteúdos eróticos sugestivos, mas não explícitos. Por extensão, refere-se à estéticas ou lógicas suavizadas, filtradas, domesticadas. Seu oposto é *hardcore*, usado para descrever pornografia explícita, sem censura ou mediação e/ou, de forma mais ampla, qualquer forma de exposição direta, intensa, violenta e sem filtros.

[69] WESTPHAL, Yannick. Hacking Art. INC Longform, 9 de fevereiro de 2022. Disponível em: https://networkcultures.org/longform/2022/02/09/hacking-art/.

[70] N.T.: *Wabbit* é um tipo de vírus ou programa autorreplicante que se multiplica indefinidamente, consumindo recursos do sistema até levá-lo à exaustão ou ao travamen-

Um *wabbit* se reproduz infinitamente até saturar a máquina com sua própria ideologia *softcore*. (*Mais... e mais... e mais...*). Ele sobrecarrega o sistema operacional até, por fim, derrubá-lo. Outro exemplo do chiado tecnofoda da máquina. É o fim já codificado na própria máquina. Da reprodução *hardcore* ao *hard reset*. Da sintaxe das linguagens computacionais à linguagem poética do vírus.

:(){ :|:& };: é como poesia em forma de hack (criada pelo artista hacker italiano Jaromil, em 2002). Para hackear ainda mais uma linha de Keston Sutherland,[71] ela poderia ser lida assim: REPRODUZA MAIS, SEJA MENOS. Um *wab-*

to. Atua sem se espalhar por redes. Seu único objetivo é reproduzir-se localmente.

[71] "Coma alegremente as hienas cozidas, mas não sugue completamente seus crânios escuros e alarmantes. O capitalismo, o sistema do lucro sob o qual todos morreremos, é a infinita multiplicação de valores; a esterilidade é a última das resistências, mas não a menor. Guerra queer. [...] FAÇA MENOS, SEJA MAIS." (SUTHERLAND, Keston. *The Odes to TL61P*, Londres: Enitharmon Editions, 2013, p. 29). Um grafite de maio de 1968: "quanto mais você consume, menos você vive." (KANBB, Ken. *Situationist International Anthology (Revised and Expanded Edition)*, Berkeley: Bureau of Public Secrets, 2006 (1981), p. 455). O lema da comunidade *The Void* no Reddit: "CONSUMA TUDO, NADA CRIE". (Colaboradores do Fandom, 'The Void', Fandom, 2017, https://redditplace.fandom.com/wiki/The_Void, acessado em 18 mar. 2023).

bit se reproduz rapidamente e fode ainda mais rápido a *tecno-lógica* do sistema. Mas é justamente agora, depois que a máquina foi toda fodida, que sua lógica precisa ser reescrita do zero.

Byung-Chul Han escreve em *A sociedade do cansaço*: "A impotência é simplesmente o contrário da potência positiva. Ela é, ela própria, positiva na medida em que está ligada com algo. Ela não é capaz de alguma coisa."[72] No entanto: "A potência negativa supera a positividade."[73] Potência negativa e impotencialidade são coisas bastante distintas. Ainda assim, o filósofo não percebe que a impotencialidade da máquina já constitui a potência negativa do sujeito e, ao mesmo tempo, a potência positiva de outro sistema.

O zero, obviamente, não existe. O estado-zero da negação, como observa Julia Kristeva, é algo que o sujeito atravessa. O zero é reiniciado para um e, depois, para dois. Assim se produz uma nova linguagem de máquina dentro do sistema. O imaginário roda uma cópia de si mesmo na máquina; ele se reproduz pela lógica da *techné* que quase destruiu.

[72] HAN, Byung-Chul. *A sociedade do cansaço*. Petrópolis: Editora Vozes, 2017, p. 57.

[73] Idem.

Aviso

Alerta: você não tem permissão para reproduzir nada do que foi dito acima por meio de qualquer máquina. A questão não é destruir a tecnologia, mas avaliar até que ponto ela serve à reprodução de um imaginário.

Nenhuma máquina foi ferida durante a produção deste livro.

9. DORMIR – DORMIR! TALVEZ...[74]

Dormir não é uma ação, mas a negatividade de toda ação, o retorno a um estado passivo.

O sono não produz nada. Por natureza, é improdutivo. Por isso o alarde dos tecnogurus sobre os perigos da economia de Hipnos, enquanto *streamers* do sono lucram exibindo ao vivo suas horas de descanso no mundo dos sonhos.

Afinal, o capital(ista) nunca dorme.

O trabalho nunca acaba. A produção é a regra. O tédio é declarado ilegal. Como observa Byung-Chul Han em *A sociedade do cansaço*, o cansaço cada vez menos se converte em exaustão e cada vez mais vira sintoma da psicopatologia do capitalismo.

Se você está vivendo na era do capitalismo, você provavelmente está *muito* cansado. Além da fadiga, talvez você note sinais alarmantes de depressão, ansiedade, paranoia e aumento da agressividade – em resumo: sintomas da priva-

[74] N.T.: O autor faz referência à frase de *Hamlet*, de Shakespeare: "To sleep, perchance to dream."

ção de sono. A sociedade do cansaço é também a sociedade da depressão, da ansiedade, da paranoia, da fúria e da narcolepsia.

O segundo Sol

Se a massa de Júpiter fosse um pouco maior, o gigante gasoso teria se tornado a segunda estrela do Sistema Solar. O que nunca aconteceu no plano astrofísico virtualizou-se no plano tecnofísico. A luz artificial das telas hoje funciona como um segundo Sol.

Assim como o Sol nunca se põe sobre o império, o dia nunca termina. O segundo império do Sol elimina a distinção entre luz e escuridão, dia e noite; a jornada de trabalho é interminável; o espetáculo está em toda parte e toda parte é espetáculo. Não se trata de uma nova ordem do tempo, mas da própria escassez do tempo.

> [MARK FISHER:] Imagine que você pudesse inventar algo assim – algo com que pudesse se distrair infinitamente; e que, em qualquer lugar do mundo e a qualquer hora, permitisse que os imperativos do capitalismo chegassem até você… Imagina um objeto desses! Como seria?
>
> ESTUDANTE #10: Um celular?[75]

[75] FISHER, Mark. Lecture Three: From Class Consciousness

Após a imperialização do espaço e do tempo, o capitalismo neoliberal (ou alt-fascismo, como o chama McKenzie Wark) torna-se o único imaginário possível. O sonho é separado do sono, enquanto se torna cada vez mais simulado e até mercantilizado. Hoje, *o objeto da interpretação dos sonhos já não é o sonhar, mas a própria publicidade.*

A potencialidade da insônia

Segundo Aristóteles, o sono é a potencialidade da vida desperta. O sono não produz nada, mas contém a potencialidade de toda produção.

Ao mesmo tempo, a ausência de sono é a força própria do sistema produtivo: despertar é, afinal, o *fim* do sono.

Se, para Aristóteles, o sono precede a vigília, então a insônia também é a condição fundamental do capitalismo. Em 2017, o CEO da Netflix declarou que: "quando você assiste a um programa da Netflix e fica viciado, você fica acordado até tarde. Estamos competindo com o sono."[76] Só mais um pouco de espetáculo, por favor.

---

to Group Consciousness. In: COLQUHOUN, Matt (ed). *Postcapitalist Desire*: The Final Lectures. Londres: Repeater Books, 2021, 112–146, p. 134.

[76] HERN, Alex. Netflix's Biggest Competitor? Sleep. *The Guardian* (18 abr. 2017), https://www.theguardian.com/technology/2017/apr/18/netflix-competitor-sleep-uber-facebook.

O que Guy Debord chamou de *espetáculo da passividade moderna* agora substituiu a passividade enquanto tal. Mais do que o poder da vida desperta, o espetáculo é o poder da insônia. (Pense na internet sob as luzes brancas do império do Sol.) – Uma notificação salta na tela preta: "Você ainda está assistindo?"

Hipnos e Tânatos

Por que você deseja dormir? O sexo, segundo a teoria do psicanalista Sándor Ferenczi, representa, por suas associações com trocas e descargas de fluidos, o desejo de retorno à origem da vida, uma espécie de regressão ao mar. Nesse sentido, o sono sem sonhos significa um retorno a um estágio ainda anterior: à escuridão do submundo. Em contraste com Eros, princípio da reprodução e da vida orgânica, Hipnos e seu irmão sombrio, Tânatos, representam o princípio do retorno ao inorgânico e ao inanimado.

"O semiocapitalismo infiltra-se nas células nervosas dos organismos conscientes, inoculando neles uma lógica tanatopolítica, um sentimento mórbido que permeia o inconsciente coletivo, a cultura e a sensibilidade: um efeito óbvio da privação de sono, uma consequência evidente do estresse atencional" (BERARDI, Franco. *And: Phenomenology of the End*, p. 244).

Adormecer é retornar ao zero. Adormecer é temer a morte, admitiu certa vez Jacques Derrida a sua amiga Jacqueline Risset.[77] Mais profundo que a noite: a morte e, talvez, o limiar da loucura.

Sem o sono, sonho e vigília se tornam indistintos. O Sonho, antigo guardião do sono,[78] já não tem propósito. Morfeu, deus dos sonhos e um dos mil filhos de Hipnos, tornou-se órfão do reino das trevas. A luz total do espetáculo o acolhe como um de seus fantasmas. Mas a angústia do sono, reconhecida por Jacques Derrida, não desaparece. Muito pelo contrário: hoje ela irrompe em fúria.

Retornar ao grau zero da energia é impossível. Trata-se, antes, de fazer o abismo retornar à existência, devolvendo Tânatos a Eros e Hipnos a seu filho romântico, Morfeu.

Dark-0

O sono é, em si, sua própria interpretação. "Só posso esperar que as respostas venham até mim

77 "Entregar-se ao sono: um ato assustador – J. D. me contou outro dia que quase nunca adormece sem antes se perguntar, ansioso, se vai acordar, se esse fenômeno inexplicável vai se produzir mais uma vez para ele, ou não". RISSET, Jacqueline. *Sleep's Powers*. Trad. Jennifer Moxley. Nova York: Ugly Duckling Presse, 2008 (1997), p. 90.

78 FREUD, Sigmund. *A interpretação dos sonhos*. São Paulo: Companhia das Letras, 2019.

durante o sono. Espero que, quando o mundo acabar, eu possa respirar aliviado, porque ainda haverá tanto por vir." No final de *Donnie Darko*, de Richard Kelly, o protagonista, Donald "Donnie" Darko (Jake Gyllenhaal), retorna ao passado para adormecer no quarto que será, minutos depois, atingido por uma turbina de avião. A morte dulcíssima: nos braços de Hipnos e Tânatos.

No início do filme, Donnie Darko escapa desse mesmo acidente fatal graças a um coelho gigante chamado Frank. Frank, o Coelho, é um mensageiro enviado para avisar Donnie de que o fim do mundo está próximo: "28 dias, seis horas, 42 minutos, doze segundos. E então o mundo vai acabar." Mas o tempo não existe no sono, e Donnie Darko não entende o que Frank quer dizer. Afinal, é apenas um sonho do fim, e Frank é o psicopompo. É por meio do sono e da força do imaginário que, com a ajuda da Vovó Morte, Donnie retornará no tempo. Em *Donnie Darko*, o fim do mundo é retorno ao começo.

Quando a turbina do avião finalmente mata Donnie, não há medo, nem ansiedade, nenhum grito súbito de desespero: ele está profundamente adormecido.

O mundo não chega ao fim: ele já acabou. O zero é levado de volta ao um. Depois do fim, tudo permanece o mesmo, porque nada *jamais* foi diferente. O zero sempre foi imaginário. (0 + 1 é igual a 1.) Donnie Darko morre num sono sem sonhos – o sono não revela nada, apenas devolve tudo à escuridão. É ali que o futuro – que já passou do fim – sempre esteve.

Por fim, é ao começo – e não ao fim – que retornamos: de novo, como se fosse a primeira vez. A potencialidade do sono retorna como potencialidade negativa do sonhar, como impotencialidade do próprio adormecer, como o sono das potencialidades, de onde é praticamente impossível fazer emergir uma nova forma de poder. O nada é levado de volta ao ser.

10. BEM-VINDO AO SHOPPING VIRTUAL

Assim como as fábricas, os shopping centers hoje existem apenas para ocultar sua onipresença. Depois que o conjunto da sociedade "assume a aparência da fábrica",[79] como escreveu Jean Baudrillard em *A troca simbólica e a morte*, a própria sociedade agora assume a forma total do shopping e suas passagens.

Ao mesmo tempo, tornamo-nos cada vez mais a Garota-Novinha,[80] caracterizada pelo coletivo Tiqqun: alguém que "só serve para o consumo, prazer ou trabalho, dá no mesmo".

É isso o que acontece quando o capitalismo se torna a única forma de imaginário capaz de se reproduzir: já quase não há diferença entre a imagé-

[79] BAUDRILLARD, Jean. *Troca simbólica e morte*. São Paulo: Edições Loyola, 1996, p. 29.

[80] N.T.: No original, *Young-Girl*. Optei por traduzir como "Garota-Novinha" em vez de "jovem" para preservar o sentido original do conceito formulado pelo coletivo Tiqqun, que se apoia deliberadamente em uma linguagem extraída da publicidade, da pornografia e da cultura de massa – um signo de juventude espetacularizada e mercantilizada, não meramente uma categoria etária ou identitária.

tica da máquina e a própria imaginação. Tudo se reproduz mais rápido do que pode ser imaginado.

Já não existe distinção entre trabalho e lazer: o lazer equivale ao trabalho. "Você vai até o escritório e se senta em sua cabine, mas talvez não passe de um emprego de mentirinha. Seu verdadeiro trabalho é consumir."[81] Bem-vindo ao semiocapitalismo. *O que jamais perde força na era da reprodução eletrônica é o impulso de consumir.*

As passagens da internet

Em *Passagens*, Walter Benjamin analisou a vida econômica e política do século XIX através das célebres passagens comerciais de Paris: corredores envidraçados onde a burguesia parisiense passeava e comprava artigos de luxo.

A internet é a passagem dos nossos dias,[82] e os shopping virtuais, um de seus espaços de luxo.

O shopping virtual corresponde a ambientes online onde se pode circular – por cliques

[81] *Living in an Unreal World*: A Film by Adam Curtis (dir. Adam Curtis, 2016). Vice Media, https://www.youtube.com/watch?v=oNzzSqHK-5o.

[82] Para mais, consultar WATSON, Michael Robert. *The memeing of Mark Fisher*: How the Frankfurt School Foresaw Capitalist Realism and What to Do About It. Londres: Zero Books, 2021. Em particular, a seção "Benjamin and the Digital Flaneur."

ou, às vezes, com um avatar digital – entre passagens comerciais reproduzidas com estética *vaporwave* com palmeiras, referências à cultura japonesa e arquitetura neoclássica. O shopping virtual é uma espécie de empório do semiocapitalismo. Até recentemente, os donos das passagens comerciais vendiam bens e serviços em troca de dinheiro; agora, os artistas e designers do shopping virtual trocam um bem semiótico por outro. "No fim do mundo, restará apenas um anúncio líquido e um desejo gasoso. Sublimados de nossos corpos, os sentidos à deriva circularão eternamente por escadas rolantes em ambientes artificiais impecáveis, consumindo e sendo consumidos por uma economia saturada de informação sensorial, valorizada pixel a pixel. O shopping virtual lhe dá boas-vindas, e você também dará boas-vindas a ele."[83]

Nos shoppings virtuais, tudo se valoriza pixel a pixel. A passagem é apenas mais um signo entre tantos outros: nesse sentido, o fetiche pelo shopping vazio é somente fascínio pelo fim da produção como tal. Pois, se a fábrica vazia re-

[83] HARPER, Adam Harper. Vaporwave and the Pop-Art of the Virtual Plaza. *Dummy*, 12 jul. 2012, https://www.dummymag.com/news/adam-harper-vaporwave/?fbclid=IwAR1XTf4USoLwZZPTScWNIGkNwz848rUvoyc8vGcSxWXPUCrb86P_J7hcUoc.

presenta o fim da produção, o que seria a cópia de sua reprodução como imagem? Depois que a produção termina, a reprodução continua. Essa é a ironia do shopping vazio. E a ironia, afinal, só faz as pessoas consumirem ainda mais.

Na década de 1980, a rede japonesa MUJI encomendou ao compositor Haruomi Hosono uma música ambiental para suas lojas. Hoje, o shopping virtual é apenas reprodução incessante de sua própria estética.

A reprodução é tanto o meio quanto a mensagem do shopping virtual.

A era da reprodutibilidade eletrônica

Em "A obra de arte na era de sua reprodutibilidade técnica", Walter Benjamin argumenta que a reprodução representa a eliminação da *aura* da obra de arte, isto é, de sua presença única no tempo e no espaço.

Hoje, a imagem já nasce como cópia: é reproduzida antes mesmo de se apresentar como objeto singular. "A obra de arte reproduzida é cada vez mais a reprodução de uma obra de arte criada para ser reproduzida."[84] Como con-

[84] BENJAMIN, Walter. A obra de arte na era de sua reprodutibilidade técnica. In: *Magia, técnica, arte e política*. São Paulo: Editora Brasiliense, 2012, p. 171.

sequência, o meio passa a reproduzir cada vez mais a si mesmo e sua própria imagem. Resta quase nada além da repetição do espetáculo.

Na era da reprodutibilidade eletrônica, é o imaginário do consumidor que se reproduz. Cada vez mais, somos como a Garota-Novinha descrita pelo coletivo Tiqqun: um avatar da sociedade do espetáculo, que se reproduz por meio das próprias imagens do espetáculo. Somos mercadorias e consumidores ao mesmo tempo. Não há aura em torno da nossa imagem, ao mesmo tempo autopromovida e vendida. Nenhuma identidade além das estatísticas; nenhuma tradição além do consumo em massa.

Bem-vindo ao shopping dos sonhos virtuais

"É pelos olhos da *Garota-Novinha* que o Espetáculo te observa",[85] escreve o coletivo Tiqqun. "A *Garota-Novinha* não fala; pelo contrário, ela é falada pelo Espetáculo."[86]

The Virtual Dream Plaza é um dos produtos do shopping virtual. Trata-se de uma série com

[85] TIQQUN. *Preliminary Materials for a Theory of the Young-Girl*, p. 66.

[86] TIQQUN. *Preliminary Materials for a Theory of the Young--Girl*, p. 36.

trinta e duas faixas hipnóticas de *vaporwave*, criadas por t e l e p a t h. Cada faixa é acompanhada por uma arte de capa com uma jovem (frequentemente chamada de *dream girl* na internet) apresentada às vezes como parte de um anúncio, às vezes integrada ao design.

Por exemplo, nas capas de três álbuns – *I Need You*, *You and I Forever* e *Dream Girl* –, a jovem aparece tanto no fundo quanto em primeiro plano de um anúncio de maquiagem. Já na faixa bônus do último lançamento da coletânea *The Virtual Dream Plaza* (*Beyond the Dream*), ela integra o próprio design da fita cassete. Em todos os casos, ela está ao mesmo tempo consumindo e sendo consumida.

'I Need You'.

'You and I Forever'.

'Dream Girl'.

'Beyond the Dream'.

Tudo o que uma imagem reproduz é criado e destruído ao mesmo tempo: a alienação da reprodução. "A Garota-Novinha habita o Espetáculo tal qual uma mulher no mundo primitivo: enquanto *objeto* da Publicidade. Mas a Garota-Novinha também é sujeito da Publicidade, que comercializa a si mesma."[87] Ela também é a imagem contra tudo o que se opõe radicalmente à reprodução do espetáculo – hoje, mais do que nunca, a reprodução é a guerra da imaginação – a ponto de atacar a própria possibilidade de reprodução do sujeito: o paroxismo da sedução. "Porque a Garota-Novinha", escreve Tiqqun, "é a presença viva de tudo o que, humanamente, deseja a nossa morte. Ela não é apenas o produto mais puro do Espetáculo – é a prova plástica de nosso amor por ele."[88]

A exacerbação do sistema de reprodução só é possível ao custo de mais destruição e vazio: um circuito de retroalimentação positiva. A estética *vaporwave* é a produção do mesmo, repetida indefinidamente. Um circuito de retroalimentação *negativa*, não *positiva*. Mas há outro desenho possível: um desenho semioaceleracionista

[87] TIQQUN. *Preliminary Materials for a Theory of the Young-Girl*, p. 76.

[88] TIQQUN. *Preliminary Materials for a Theory of the Young-Girl*, p. 105.

do shopping virtual, em que a representação do mesmo equivalha ao próprio princípio da morte. Não se trata apenas de mais um produto do capitalismo, mas de uma crítica ao que o capitalismo sempre foi: sua própria autodestruição e a reprodução de seu fim inexorável.

Uma playlist *Vaporwave* da Garota-Novinha

Cale a boca, relaxe e dê play no sonho. Aproveite a mixtape da Garota-Novinha do shopping virtual, onde tudo é precificado pixel a pixel, e até sua diversão suave e suas tiradas irônicas são bem-vindas (e precificadas).

Virtual Dream Plaza – 仮想夢プラザ (2015–present) (https://virtualdreamplaza.bandcamp.com/)

「サンセット Network❾❶」– HIGH-FASHION「犯罪現場」(2015) (https://sunset-network.bandcamp.com/album/--4)

Trademarks & Copyrights – *Marble Girls* (2016) (https://trademarksandcopyrights.bandcamp.com/album/marble-girls)

猫 シ Corp. – LUXURY GIRLS (2017) (https://catsystemcorp.bandcamp.com/album/luxury-girls)

SAYOHIMEBOU – 卡拉OK♫スターダスト東風 (2017) (https://sayohimebou.bandcamp.com/album/ok)

Origami Girl – *Tranquillity* (2019) (https://virtualdreamplazashop.bandcamp.com/album/tranquility)

luxury elite – *blue eyeshadow* (2021) (https://luxuryelite.bandcamp.com/album/blue-eyeshadow)

death's dynamic shroud.wmv – *Faith in Persona* (2021) (https://deathsdynamicshroud.bandcamp.com/album/faith-in-persona)

Nova Dive – スロールック (2021) (https://novadive.bandcamp.com/album/neon-dream)

甘い夢のスケジュール – ロマンチックな至福 (2022) (https://noproblematapes.com/album/--37)

11. AS *BACKROOMS*

Em 12 de outubro de 1492, Cristóvão Colombo chegou à América. Em 20 de julho de 1969, Neil Armstrong pisou na Lua. Em 12 de maio de 2019, um usuário anônimo se "desclipou"[89] da realidade e foi parar nas *backrooms*. Depois das colunas de Hércules para Colombo e da Linha de Kármán para Armstrong, o limiar das *backrooms* representa hoje o ponto mais distante do *fim* do mundo.[90]

[89] N.T.: No original, *Noclipped* é um termo derivado dos videogames, especialmente de códigos de trapaça como *noclip*, que desativam colisões entre o personagem e o cenário, permitindo atravessar paredes ou cair fora do mapa. Em jogos, isso pode levar o jogador a espaços vazios ou zonas ocultas, não previstas pela narrativa oficial. Optamos por usar os anglicismos derivados de clip já existentes no português – desclipar, desclipagem – como tradução.

[90] N.T.: No original, *backrooms* são uma espécie de lenda urbana da internet que descreve um ambiente labiríntico fora do mundo real, acessado por acidente e composto por corredores infinitos, carpete úmido, luz fluorescente e silêncio opressor. Inspirados na estética de escritórios vazios dos anos 1990, as *backrooms* surgiram a partir de um meme publicado no 4chan, em 2019.

Às 22h07 de 12 de maio de 2019, um usuário anônimo respondeu a um tópico no fórum /x/ do 4chan. Atendendo a um pedido para "postar imagens inquietantes com uma *vibe* estranha", postou a imagem de um escritório vazio, com papel de parede amarelo e luzes de neon.

Logo em seguida, o usuário anônimo respondeu à imagem arrepiante: "Se você não tomar cuidado e acabar se desclipando da realidade no lugar errado, você vai parar nas *backrooms*. Lá só existe o fedor de carpete velho e úmido, um amarelo monocromático enlouquecedor, o ruído interminável de lâmpadas fluorescentes chiando ao máximo, e cerca de 600 milhões de milhas quadradas de salas vazias divididas ao acaso, onde você ficará preso."[91]

Quatro anos depois desse post anônimo no 4chan, modelos 3D de escritórios e de shopping centers vazios começaram a se espalhar sem parar entre usuários de Reddit, Twitter, TikTok, Instagram e YouTube. Assim como a bandeira dos Estados Unidos fincada na Lua, o papel de parede esverdeado e as luzes de neon viraram símbolos da reprodução capitalista no imaginário.

[91] Anonymous. 'unsettling images', 4chan [4plebs], post, 12 maio 2019, 1:37 PM, arquivado em 1º fev. 2022, https://web.archive.org/web/20220201004253/https://archive.4plebs.org/x/thread/22661164/#22661164.

Fig. 8 : Digital model of the backrooms

As *backrooms* são um exemplo de espaço liminar (do latim *limen*: limiar, fronteira). Mas, ao contrário dos espaços liminares típicos – portas, escadas rolantes, saguões, hotéis – que servem como lugares de transição e passagem, as *backrooms* são meios sem saída. Arquitetura dos não-lugares em estado puro.

Ao se desclipar da realidade, você não chega a um lugar, mas a *lugar nenhum*.

Esse gesto está ligado ao próprio sentido da expressão *no clipping*. No jogo *Doom II: Hell on Earth*, de 1994, o comando IDCLIP desativa a detecção de colisão, permitindo ao jogador atravessar objetos e paredes. O jogador permanece dentro do videogame, mas fora do espaço de jogo. *Desclipar*, portanto, significa atravessar o espaço jogável e, no limite, sair ao mesmo tempo do mapa e da própria realidade.

Escapismo sem escapatória

Depois que o mapa toma o lugar do território, já não há *mais para onde ir.*

De um lado, o otimismo ingênuo das teorias da Terra plana, segundo as quais o mapa do mundo termina *em algum lugar*: seria possível nadar ou saltar para fora dele. De outro, o pessimismo da arquitetura das *backrooms*, com sua reprodução interminável, como na adaptação em curta-metragem de Kane Pixels. É o design do realismo capitalista. No post original do 4chan, as *backrooms* ocupam "apenas" três vezes a área da Terra; já no *found footage* de Kane Pixels, elas são infinitas.

Mais do que uma distopia ou uma utopia, as *backrooms* são outro *tópos* da reprodução: a utopia capitalista de toda distopia.

Diferentemente da teoria de Marc Augé sobre o espaço no capitalismo tardio, segundo a qual os lugares nunca são totalmente apagados, as *backrooms* funcionam também como uma simulação do espaço. Elas não indicam a presença de uma realidade alternativa *em algum outro lugar*; antes, representam a ausência da realidade enquanto tal. As *backrooms* são reproduzidas para ocultar que já não há diferença entre lugar e não-lugar, entre sujeito e espectador. Estamos diante da utopia, o *u-tópos*, o não lugar das telas.

O filme *Backrooms,* de Kane Pixels, é uma representação em 4D de uma fuga impossível do capitalismo. Apenas as *imagens* conseguem sair das *backrooms*. Mas as imagens não pertencem ao presente; são de um futuro perdido: gravadas em 1990 e 1991, encontradas em 1996... e, por fim, enviadas ao YouTube em 2022. O futuro é apenas a repetição do passado. Enquanto isso, o capitalismo continua sendo o único imaginário que se reproduz. O *found footage* de Kane Pixels – onde um grupo de pesquisa, a Fundação A-Sync, estuda as *backrooms* e seu potencial para criar mais espaço (A-Space™) – em breve será adaptado para o cinema pela premiada produtora A24. O espetáculo está em toda parte, e toda parte é espetáculo.

Os sonhos com o fim já se esgotaram. Mas os pesadelos não têm fim. Como mostram os comentários abaixo das imagens perturbadoras das *backrooms*, muita gente já sonhava com lugares semelhantes muito antes do post original no 4chan. Difícil não lembrar dos sonhos sangrentos e das visões de guerra de Carl Gustav Jung, meses antes da Primeira Guerra Mundial. Hoje, o inconsciente coletivo assume a forma da informatização global. Os pesadelos agora são feitos de zeros e uns.[92]

As filmagens das *backrooms* criadas por Kane Pixels também mostram uma criatura tripodal, conhecida como Bacteria: a imagem em estado vivo, a estrutura viral do hiper-real. Uma representação de tudo aquilo que, logicamente, deseja a nossa morte.

Desclipar (*noclipping*)

O que fascina é, acima de tudo, o caráter fechado do sistema. Em *Para uma crítica da economia política do signo*, Jean Baudrillard observa que "o que nos fascina é sempre aquilo que nos exclui radicalmente pela sua lógica ou pela sua perfeição interna: uma fórmula matemática, um sistema paranoico, um deserto de pedra, um objeto inútil."[93] É o mesmo fascínio que encontramos diante do sistema capitalista e da concepção cabalística de Deus. Não por acaso, essa é a fascinação de autores como Nick Land e Mark Fisher pelo capitalismo: um sistema abstrato que *não precisa de você*.

[92] Compare com BERARDI, Franco. *O terceiro inconsciente:* a psicosfera na era viral. São Paulo: Glac Edições, 2024.

[93] BAUDRILLARD, Jean. Para uma crítica da economia política do signo. São Paulo: Martins Fontes, 1972, p. 102.

As *backrooms* são um sistema fechado, acessível apenas por um erro fatal: o inferno da internet. Ao contrário de outros espaços liminares, aqui não há saída possível. "*As* backrooms *surgem quando um limiar sofre um* glitch *e passa a se autogerar em um loop aparentemente imparável.*"[94] É significativo que tenham se tornado virais justamente durante a pandemia da Covid-19: outro exemplo de espaço liminar que se propaga incessantemente no tempo e no espaço, sempre segundo a lógica da viralidade.

"Quando o conceito de limiar" – o *limen* dos espaços liminares – "se combina ao conceito de desclipagem (*noclip*), uma simples linha de fronteira pode transformar-se em espaço habitável. Um *glitch* no limiar pode se prolongar, dando origem a um novo espaço, que a qualquer momento pode deixar de ser transitório e passa a funcionar como uma prisão permanente."[95]

Então, desclipe-se. Escape do espaço jogável do capitalismo. Além de imagens e vídeos, as *backrooms* também podem ser acessadas por

[94] TANNI, Valentina. A Journey in the Back of the World in Noclip Mode. *NERO Editions* (20 abr. 2022), https://www.neroeditions.com/a-journey-in-the-back-of-the-world-in-noclip-mode/.

[95] TANNI, Valentina. A Journey in the Back of the World in Noclip Mode.

meio de jogos de simulação, onde jogadores exploram e interagem diretamente com esses ambientes. Desclipe-se para longe dos espaços desoladores de escritórios vazios e shoppings abandonados. "Desclipe-se através da realidade", anuncia o letreiro de um simulador de *backroom*.

Desclipe-se pelo hiper-real. Abandone o espaço jogável e seu hiper-realismo. Ative o modo desclipado: *a detecção de colisão* foi desativada. O jogador está fora do mapa autorizado, mas ainda dentro do espaço do jogo. Quem manipula o código está além do jogador e do não jogador. Já não há distinção entre função e erro. Tudo o que antes era protegido pela função agora está vulnerável a falhas críticas. Persiga os bugs depois do fim do mundo. Desclipe-se para *outro* mapa, iniciando a corrida terminal rumo ao que vier depois do fim. Eis o fascínio do sistema fechado diante da sedução do sistema aberto.

Depois, o *erro* é corrigido. O software é depurado. Um novo *patch*[96] é instalado. A linha de comando é encerrada. O imaginário volta a reproduzir signos. Reinicie. Tente novamente. Procure uma nova cartografia.

[96] N.T:. *Patch*: termo da computação para designar uma correção ou atualização aplicada a um software.

12. O FANTASMA NA ARQUITETURA

No filme apocalíptico *Extermínio* (*28 Days Later*), lê-se a frase *THE END IS EXTREMELY FUCKING NIGH*[97,98] escrita em tinta preta na parede de uma igreja. A função da parede não é apenas delimitar o espaço, mas também o tempo. O grafite negro marca o momento em que nada mais pode ser significado; palavras e paredes desabam com todo o resto. O valor de ruína se aproxima de zero.

Cinco anos depois, a mesma frase ressurgiu em estênceis promocionais da continuação da franquia. *Em breve...* Era 2007, ano da crise financeira, do colapso do imaginário de futuro.[99] Nas paredes, agora em tinta vermelha, lia-se: "28 WEEKS LATER... IT'S BACK EVERYWHERE."[100]

[97] 28 Days Later (dir. Danny Boyle, 2002), DNA Films, UK Film Council.

[98] Tradução livre: "O FIM TÁ PRÓXIMO PRA CARALHO".

[99] Franco "Bifo" Berardi, The Uprising: On Poetry and Finance, Los Angeles: Semiotext(e), 2012.

[100] Tradução livre: "28 SEMANAS DEPOIS... TÁ DE VOLTA EM TODO LUGAR".

Como o grafite epônimo "NOSSO LEMA: APOCALIPSE AGORA" em *Apocalypse Now*, de Francis Ford Coppola,[101] já não há mais apocalipse porque não há mais diferença entre o apocalipse e sua representação. A luz sombria da ruína, onde o grafite foi inscrito, retorna à luz intensa da tela.

A tag do fantasma

No jargão do grafite, um *fantasma* é o vestígio que sobra quando a tentativa de remover a pintura falha. Restam traços e tinta. O grafite passa a assombrar a parede... E a parede, por sua vez, assombra o grafite. Quem assombra será também assombrado.

Imaginar o grafite nas paredes vazias é reproduzir um futuro em que ainda será possível imaginá-lo, mesmo que não seja agora, nem nunca.

Alguns dos grafites de Maio de 1968, como observou Jean Baudrillard em *A troca simbólica e a morte*, não foram apagados, mas cobertos por slogans e cartazes políticos. A revolução dos signos não foi removida, mas substituída pelos signos da mídia. Trata-se de outra forma de vandalismo: a publicidade toma o lugar do

[101] Apocalypse Now (dir. Francis Ford Coppola, 1979), Omni Zoetrope.

grafite. O signo da política retorna ao signo da economia (como o rato de Banksy e de Blek le Rat, que primeiro corre contra o sistema, depois dentro dele e do mercado).

O grafite diz: "eu estive aqui". Em seguida, é apagado. A revolta é reprimida. E então, retorna: "eu estou aqui de novo". O *revenant*[102] – do francês *re-venir* – é aquilo que sempre retorna.

Como argumenta Jean Baudrillard sobre os grafites de Nova York (como KOOL KILLER, SHADOW 137, SUPERSEX e KOLA), não há referência nem representação propriamente dita. Trata-se da destruição incessante do signo e de seu sistema. Não é vandalismo, mas está no *espírito* do vandalismo.

Outro grafite nos muros de Paris em Maio de 1968: "Em breve neste local: ruínas encantadoras."[103] Mais uma vez, essa inscrição não se refere a nada além de um futuro que já não é mais futuro, mas a própria lógica do imaginário. É o último grafite entre o fim e sua representação.

[102] N.T.: *Revenant*: do francês antigo "*revenant*" ("aquele que retorna"), derivado de "*revenir*" ("voltar"). No folclore, designa um espírito ou cadáver reanimado que retorna da morte para assombrar os vivos.

[103] Ken Knabb, Situationist International Anthology (Revised and Expanded Edition), p. 450.

Maurice Blanchot escreve no início de *L'écriture du desastre*: "O desastre arruína tudo, enquanto deixa tudo intacto."[104] O grafite faz o mesmo com os muros.

"Not really now not any more"

Um grafite rabiscado com batom ao lado do nome de dois amantes: "*nem realmente agora nem nunca mais.*"[105]

Esse grafite inspirou Alan Garner a escrever o romance *Red Shift*. O grafite já escrevia o livro antes que ele existisse. A questão é: *quando?*[106]

Mark Fisher escreve: "'*nem realmente agora nem nunca mais*' aponta para o impasse pós-moderno, o desaparecimento do presente e a possibilidade de representar o presente. Mas também aponta para uma temporalidade alternativa, outra forma de estar fora do eixo do tempo, um modo de causalidade ligado à influência e à virtualidade, não à força material

[104] BLANCHOT, Maurice. *The Writing of the Disaster*. Trad. Ann Smock. Lincoln, Londres: University of Nebraska Press, 1995 (1980), p. 1.

[105] No original: "not really now not any more".

[106] Na seção "Arquitetura" de Pós-modernismo: a lógica cultural do capitalismo tardio, Fredric Jameson defende que o espaço arquitetônico é também uma forma de filosofia. Mas o mesmo é verdadeiro para formas arquiteturais de tempo.

bruta."[107] Como outros grafites encontrados em banheiros públicos, estações de trem e cemitérios, trata-se do signo de um outro tempo que não é presente e falha em se apresentar: *nem realmente agora, nem nunca mais*

Em *The Weird and the Eerie*, Mark Fisher vai além:

> Há algo de tão assombroso, tão enigmático, tão sugestivo na frase "*nem realmente agora nem nunca mais*", sobretudo quando escrita como um grafite anônimo. O que queria dizer o autor sem nome dessa poesia errante, e o que ela dizia a ele? [...] Dizer que houve algo de fatal no encontro de Garner com esse grafite é duplicar a estranheza intrínseca, *indelével*, da frase. Pois, afinal, a que ela aponta, senão a uma temporalidade fatal?[108]

O risco "not really now not any more" já começa *riscando* com o tempo. O grafite é *já desde sempre* sobre a escrita de *Red Shift*, de Alan Garner. Isso é estranho e assombroso, não por causa do grafite, mas porque algo está errado

[107] FISHER, Mark. What is Hauntology?. *Film Quarterly* 66(1) (outono de 2012), p. 22.

[108] Mark Fisher, The Weird and the Eerie, pp. 90–91 (ênfase do autor).

com o tempo. É estranho como um sonho que só depois se descobre real; é assombroso como o próprio capital: mesmo sendo nada, é a força do presente – uma *presença* sem presença. O fracasso da presença e do tempo.

13. ANTIASSOMBROLOGIA

Um fantasma assombra o fim: o fantasma do futuro.

Mark Fisher escreve em *What is Hauntology?*: "O futuro é sempre experienciado como uma assombração: uma virtualidade que incide sobre o presente, condiciona expectativas e motiva a produção cultural."[109] Mas o futuro já não é mais o que era. O futuro já não é mais o futuro, mas o retorno de mais um remix, mais um remake. O futuro está morto: *morto-vivo, morto-vivo, morto-vivo.*

Ouça Arctic Monkeys. Os fantasmas do rock and roll, a fantasmagoria do passado – os jogos de luz, os penteados, as roupas, tudo – o eterno retorno do mesmo. O álbum *The Car* é uma máquina do tempo que nos leva ao passado. Mais uma vez, viajamos no tempo mais rápido que a luz: "*Do your time travelling through*

[109] FISHER, Mark. What is Hauntology?, p. 16.

the tanning booth / So you don't let the Sun catch you crying."[110,111]

Em vez disso, dance ao som de SOPHIE e Arca. Os sons e as imagens do futuro retornam para assombrar o presente. É o sinal do apocalipse.

O fim está começando.

A estética do apocalipse

Em 2014, Mark Fisher escreveu em *Fantasmas da minha vida:* "Imagine um disco lançado nos últimos dois anos sendo alçado para trás no tempo, para 1995, por exemplo, e colocado para tocar no rádio. É difícil pensar em um grande impacto nos ouvintes."[112]

A pergunta é: o que teria pensado o falecido crítico sobre o som de SOPHIE e Arca?

Dê replay nos cem remixes de *Riquiquí*, de Arca, criados em 2020 por uma inteligência artificial chamada Bronze. Ouvir o álbum de remixes *Riquiquí Bronze Instances* é como escutar a mesma música pela primeira vez. O próprio

[110] Tradução livre: "Viaje no tempo pela cabine de bronzeamento / Pra que o Sol não te pegue chorando".

[111] Arctic Monkeys, 'Body Paint', 2022, faixa 5, on The Car (Londres: Domino), 2022, CD.

[112] FISHER, Mark. *Fantasmas da minha vida*. São Paulo: Autonomia Literária, 2022, p. 25.

conceito de remix é remixado. Já não se trata de editar o passado, mas de piratear o futuro.

É isso que Matt Bluemink, em oposição à assombrologia de Mark Fisher, chama de antiassombrologia. Não mais os fantasmas do passado, mas os fantasmas do futuro retornam ao presente.

O capítulo de Mark Fisher em *Fantasmas da minha vida* continua:

> Pelo contrário, o que mais poderia chocar nosso público de 1995 seria o quão reconhecível é o próprio som: teria realmente a música mudado tão pouco nestes últimos dezessete anos? Compare isso com a rápida mudança de estilos entre os anos 1960 e 1990: um disco de jungle de 1993 escutado por alguém em 1989 teria soado como algo tão novo que ele seria desafiado a repensar o que é música, ou o que ela poderia vir a ser.[113]

Agora ouça *Oil of Every Pearl's Un-Insides*, de SOPHIE, e *KiCk i-iiiii*, de Arca, e faça novamente o experimento mental. Essas sonoridades teriam causado um verdadeiro choque de futuro em ouvintes de 2007, e até mesmo de 2017.

[113] FISHER, Mark. *Fantasmas da minha vida*. São Paulo: Autonomia Literária, 2022, p.25

O futuro já não é mais o mesmo desde que Mark Fisher escreveu *Fantasmas da minha vida*. O fantasma de SOPHIE, que morreu em 2021, não retorna do passado, mas de um futuro alternativo.

Assim, o circuito entre presente e futuro, que Mark Fisher via como rompido pelo capitalismo tardio, se reconecta ao agora. É o que acontece em *Faceshopping*, de SOPHIE, e *Mequetrefe*, de Arca: sons, imagens e até o sujeito são destruídos e recriados. É uma estética digital do apocalipse. Sons e imagens moldados por edição de formas de onda e computação gráfica já não representam nada além do próprio futuro.

Você ainda não viu nem ouviu nada.

A mídia do futuro

A assombrologia diz respeito ao som daquilo que não está presente. Em francês, a palavra *ontologie* soa como *hauntologie*. A diferença se lê, mas não se ouve.

Jacques Derrida escreve a palavra *assombrologia*[114] apenas três vezes no corpo do texto de *Espectros de Marx*. Ela retorna uma quarta e

[114] N.T.: Na edição brasileira de *Espectros de Marx*, optou-se pela tradução literal "obsidiologia". Nós seguimos a tradução "assombrologia", adotada por Guilherme Ziggy em *Fantasmas da minha vida*, de Mark Fisher.

última vez em uma nota de rodapé: "cada época tenha seus fantasmas (e nós temos os nossos), sua própria experiência, sua própria mídia e seus próprios massmídias assombrológicos."[115] O fim do livro retorna para assombrar o sentido da palavra *assombrologia.*

A assombrologia é o que Jacques Derrida chama de meio da mídia: a mediação entre presente e futuro; uma questão da temporalidade da mídia enquanto meio.

Para Mark Fisher, a assombrologia trata ainda do retorno do signo analógico ao meio digital: chiados, estalos e imagens em preto e branco retornam como fantasmas do passado, reprocessados pela tecnologia.

Desse modo, a analogia entre presença e representação é rompida. "A digitalização do analógico desestabiliza nossa certeza sobre o *isso foi*, e isso nos apavora", observa Bernard Stiegler. "Mas o analógico também nos assustava: nas primeiras fotografias, víamos fantasmas."[116]

[115] N.T.: Conforme nota anterior, substituímos "obsidiológico" por "assombrológico". Ver: DERRIDA, Jacques. *Espectros de Marx.* Rio de Janeiro: Relume-Dumará. 1994, p. 205.

[116] DERRIDA, Jacques; STIEGLER, Bernard. *Echographies of Television.* Filmed Interviews. Trad. Jennifer Bajorek. Cambridge: Polity, 2002 (1996), p. 152.

No meio analógico, a luz da imagem devolve o passado, e seus fantasmas, ao signo do presente. No meio digital, porém, a luz é transformada em eletricidade, seu significante codificado em zeros e uns, presença e ausência. Se o analógico devolve ao presente a imagem do passado, o digital já não produz uma imagem, mas uma *imaginação* de imagem. Os sons e imagens digitais não trazem de volta os fantasmas (*phantoms*) do passado, mas projetam as fantasmagorias (*phantasms*) do futuro.

É o apocalipse segundo São Marcos (Fisher).

Os sons e imagens digitais de *Oil of Every Pearl's Un-Insides*, de SOPHIE, não representam mais nada além da própria imaginação de um outro futuro.

Hyperpop[117]

A estética do *hyperpop* está mais próxima da assombrologia do que da antiassombrologia. O *hyperpop* é a repetição do mesmo: a cultura pop de Britney Spears, Madonna e Lady Gaga é

[117] Hyperpop: estilo musical surgido no final dos anos 2010, caracterizado pelo uso extremo de processamento digital, timbres sintéticos, vocais distorcidos e estrutura sonora saturada. Combina elementos do pop, eletrônico, trap e outros gêneros com estética deliberadamente exagerada e artificial.

reconectada ao circuito do presente. A estrela pop do futuro é a estrela pop do passado.

Um exemplo claro é o projeto musical QT, criado por SOPHIE com Hayden Dunham e A. G. Cook. QT é ao mesmo tempo o nome do projeto e de uma bebida energética, a DrinkQT, que depois foi lançada e vendida. No clipe de "Hey QT", a artista, QT, aparece em um laboratório fabricando a bebida: suas emoções são convertidas em fórmula por meio de tecnologia de realidade aumentada. A produtora da bebida é a própria bebida. Já não há diferença entre a produtora e seu produto. Não há mais sujeitos, só consumidores.

A faixa "Lemonade", de SOPHIE, lançada no álbum *Product*, é outro exemplo preciso. O *hyperpop* leva o pop ao extremo: sons mais agudos e acelerados, visuais mais brilhantes e saturados, letras ainda mais açucaradas – e tudo ainda mais materialista. "*I get that fizzy feeling and I want lemonade, / Lemonade, l-l-lemonade, lemonade, l-l-lemonade.*"[118, 119] A música acabou sendo vendida ao McDonald's para promover uma nova bebida com sabor de limão.

[118] Tradução livre: "Sinto aquele gás subindo e só penso em limonada, limonada, li-li-limonada, limonada, li-li-limonada"

[119] SOPHIE, 'Lemonade', 2014, faixa 1, on Product (Glasgow: Numbers), 2014, twelve-inch single.

O sujeito e a música do futuro não causam choque no sistema; ao contrário, o sistema de feedback negativo reconduz o sistema à reprodução do mesmo. O feedback negativo não passa do princípio do prazer da máquina. "O princípio do prazer", explica Nick Land, "formata a excitação como um desvio autoneutralizante em direção ao equilíbrio."[120] O feedback negativo *reseta* o potencial da tecnologia digital.

O feedback positivo, por sua vez, faz o oposto do sistema de feedback negativo: ele reproduz o signo da diferença e da aberração. Em vez de travar, o sistema de feedback positivo gera um outro futuro dentro da própria lógica da reprodução. A tecno-lógica não entra em colapso – ela passa a funcionar *bem demais*. Só que, em vez de repetir a mesma imagem, passa a produzir os signos de um novo imaginário.

O espectro do Oriente

A assombrologia lida com os fantasmas do passado e com os espectros da cultura ocidental. "Os espectros rudes de Lewisham retornarão não importa o quão longe você viaje para o Oriente",[121] escreve Mark Fisher em *Fantasmas*

[120] LAND, Nick. *Machinic Desire*, p. 327.

[121] FISHER, Mark. Fantasmas da minha vida, p. 59

da minha vida. No álbum Tin Drum, da banda Japan, as inúmeras referências à cultura asiática (da capa aos títulos e letras) não exorcizam os espectros do Ocidente. "*When I've broken every door / The ghosts of my life / Blow wilder / Than the wind*",[122, 123] canta David Sylvian na música "Ghosts", da banda Japan, verso que deu a Fisher o título de seu livro.

A antiassombrologia, por outro lado, lida com as fantasmagorias do futuro. Trata da presença do que não deveria existir *aqui e agora*, mas que, ainda assim, se faz presente.

O artista Gooooose, radicado em Xangai, é outro exemplo de antiassombrologia. Sua música eletrônica e futurista é o signo de um outro *futuro*. É o sinal de que o fim não está onde o sol se põe. O sinal de que o futuro não está acabando, mas sim começando.

Trans-Aeon Express, colaboração entre 33EMYBW e Gooooose, marca o *terminus* oriental do futuro. O álbum foi criado como trilha sonora da exposição Orient Flux, realizada na loja de departamento SKP-S, em Pequim,

[122] Tradução livre: "Quando eu já tiver arrombado todas as portas, os fantasmas da minha vida soprarão mais ferozes do que o vento."

[123] Japan, 'Ghosts', 1981, faixa 3, on Tin Drum (Los Angeles: Virgin), CD.

com direção visual de Weirdcore. Atualmente, Weirdcore assina videoclipes e visuais para artistas como Arca, Aphex Twin, Miley Cyrus, M.I.A., Tame Impala, Radiohead e The Caretaker, além de campanhas para marcas como Louis Vuitton, Adidas e Nike. No videoclipe de "Trans-Aeon Express", faixa-título do álbum lançado pelo selo chinês SVBKVLT, Weirdcore cria um circuito entre o popular e o experimental, o mainstream e o underground, o Ocidente e o Oriente. Imagens reais e virtuais se desdobram a partir do Trans-Aeon Express, uma máquina digital que atravessa o espaço-tempo na velocidade da luz. As fantasmagorias do futuro são reproduzidas no presente; a máquina funciona perfeitamente e replica o signo do imaginário.

O imaginário é sempre algo que vem depois de todas as imagens. É o fantasma do futuro que não retorna ao presente: porque já está presente, sempre esteve e continua depois do fim. A antiassombrologia não apenas se *opõe* à assombrologia, mas também a *sucede*.

A música digital de artistas do selo chinês SVBKVLT, como Gooooose, 33EMYBW, Zaliva-D, Nahash, Osheyack e Hyph11E, compõe o espectro oriental dessa antiassombrologia.

Depois do fim

Nos videoclipes de "Faceshopping", de SOPHIE, e "Mequetrefe", de Arca, sons e imagens são destruídos e reconstruídos repetidamente. O próprio sujeito também é desmontado e remontado, como cantam Arca e a inteligência artificial Bronze em "Riquiquí": "*Regenerated girl degenerate / […] Thinking it would never end to break off.*"[124]

Em resposta ao ensaio de Matt Bluemink, que introduziu o conceito de antiassombrologia, Matt Colquhoun escreve:

> Quando debatemos o que havia de novo em SOPHIE, mas desconectamos isso da nova forma de subjetividade que ela encarnava, […] acabamos enfraquecendo o impacto radical de sua presença ousada como estrela pop trans. […] Reduzimos o valor cultural a uma questão técnica, em vez de perguntar o que ele realmente faz com nossa percepção de nós mesmos como sujeitos do capitalismo tardio. SOPHIE desestabilizou essa percepção. E, mais importante, fez isso com sua música.[125]

[124] Tradução livre: "Garota regenerada, degenerada / […] acreditando que jamais acabaria de se quebrar". Arca, "Riquiquí", 2020, faixa 4, em *KiCk i* (Londres, Nova York: XL), 2020, CD.

[125] COLQUHOUN, Matt Anti-Hauntology: Where Are the New Forms of New? *Xenogothic*, 6 fev. 2021, https://xenogo-

O argumento de Matt Colquhoun pode ser resumido assim: "A questão não é saber se a música inova, mas se essa inovação realmente significa algo quando as estruturas sociais continuam rígidas. O que importa é: *de que modo* a inovação musical perturba o sistema, intervém nele, escapa dele, atravessa suas bordas?"[126]

A lógica do sistema é levada ao extremo. Mas o sistema não entra em colapso; pelo contrário, passa a funcionar *bem demais*. Já não reproduz o fim, mas o signo do imaginário.

Esse é o hipernada do meio, um ponto em que não há mais diferença entre a reprodução do fim e a reprodução do começo. É a repetição de um outro tipo de nada, algo além da criação e destruição, além da realidade e da simulação. Já não há diferença entre o sujeito do presente e um outro sujeito qualquer. O sistema passa a reproduzir o seu próprio apocalipse. O fim torna-se, ao mesmo tempo, *possível* e *impossível*. E assim, o fim retorna como signo do imaginário.

Você ainda não viu nem ouviu nada. É só o começo.

thic.com/2021/02/06/anti-hauntology-new-forms-of-new/.

[126] COLQUHOUN, Matt. Anti-Hauntology: Where Are the New Forms of New?

POSFÁCIO: NOVOS COMEÇOS

MATT BLUEMINK

> "De certa maneira,
> é preciso começar pelo fim"
>
> Deleuze e Guattari[127]

A afirmação de Deleuze e Guattari em *Mil platôs* nos conduz a uma pergunta incômoda: se começaremos pelo fim, para onde devemos olhar? E se fitarmos por tempo demais o abismo do hipernada, o que acabaremos vendo? Levar Nietzsche a sério é encarar o próprio reflexo, enxergar o monstro que nos tornamos, ou que talvez sempre tenhamos sido. As tecnologias industriais do capitalismo só ajudaram a trazer esse monstro à tona. O fim está sempre ali, rondando na escuridão.

No entanto, há outro caminho. Uma luz no fim do túnel. *Um novo começo.*

Alguns pensadores do século XX foram proféticos em suas previsões sobre a era em que vivemos hoje (como Jean Baudrillard e Bifo Be-

[127] DELEUZE, Gilles; GUATTARI, Félix. *Mil platôs:* capitalismo e esquizofrenia. Volume único. São Paulo: Editora 34, 1995, p. 336.

rardi). Outros, mergulhados no fluxo incessante de textos e imagens que nos envolve diariamente, souberam diagnosticar com precisão os impasses do século XXI (como Mark Fisher e Byung-Chul Han). Escritores como Alessandro Sbordoni ocupam uma posição singular: suas ideias foram profundamente moldadas por esses predecessores, mas pertencem a um mundo que a geração anterior só pôde observar a distância. Trata-se de uma nova geração de nativos digitais, que pensa a tecnocultura de dentro.

O "fim", tal como Sbordoni o conceitua neste livro, é ao mesmo tempo a encarnação simbólica do nada e o fundamento daquilo que ainda pode vir a ser. Nesse sentido, lembra a segunda divisão de *Ser e tempo*,[128] em que Heidegger aborda a natureza dual da morte: como fim necessário do *Dasein* e como condição de possibilidade para a existência do *Dasein*. O fim, para Heidegger, está presente desde o começo.

Como explica Bernard Stiegler no documentário *The Ister*:

> Para Heidegger, é a mortalidade que torna o meu tempo propriamente meu: algo que não pode ser partilhado com ninguém – ninguém

[128] Martin Heidegger, *Being and Time*. Trad. John Macquarrie and Edward Robinson, Nova York: Harper & Row, 1962.

> pode morrer em meu lugar – e que, ao mesmo tempo, é totalmente indeterminável. Isso leva Heidegger a afirmar que o tempo deve ser pensado a partir da perspectiva do futuro. Minha morte está sempre "por vir". E daí surge um paradoxo magistral: minha morte é o único acontecimento que jamais viverei. [...] Trata-se de nada além de um fantasma [phantom]. Nunca foi e nunca chegará. Nada há, senão fantasmagorias [phantasms].[129]

A morte, o fim por excelência, não é senão uma fantasmagoria para nós. O hipernada só existe na medida em que é hiper-real. *O tempo deve ser pensado a partir do futuro*. Depois do tédio diante do fim do mundo, só nos resta abrir caminho adiante. Os sonhos com o fim são apenas o começo...

Pensar o tempo a partir do futuro

Algo muda radicalmente em nossa consciência quando compreendemos, de fato, a lição de Heidegger, reiterada por Stiegler na citação acima. Pensar o tempo a partir do futuro levanta ques-

[129] *The Ister* (dir. David Barison e Daniel Ross, 2004), David Barison e Daniel Ross.

tões existenciais e políticas profundas, muitas delas entre as mais urgentes do nosso tempo.

Se, por um lado, Stiegler afirma que nossa própria morte existe apenas como fantasmagoria (algo que jamais nos acontecerá *verdadeiramente*), a assombrologia de Mark Fisher, inspirada na mesma linguagem derridiana, mostra que a cultura entrou num impasse: estamos presos num ciclo interminável de estagnação, em que futuros perdidos nos assombram continuamente a partir do passado. Em ambos os casos, a fantasmagoria é real no sentido deleuziano.[130] Apesar de sua virtualidade, ela existe aqui e agora. Assim, como explica Sbordoni, esse ciclo sem fim é justamente a *significação do fim* em si.

Ainda assim, há uma razão para a antiassombrologia ter sido escolhida como o capítulo final deste livro: ela destaca justamente o exercício de pensar o tempo a partir do futuro. Implica criar um novo porvir. Aponta uma saída. De fato, se tomarmos a assombrologia de Fisher

[130] "O virtual não se opõe ao real, mas apenas ao atual. O virtual possui uma plena realidade como virtual. Do virtual, é preciso dizer exatamente o que Proust dizia dos estados de ressonância: 'Reais sem serem atuais, ideais sem serem abstratos.'" DELEUZE, Gilles. *Diferença e repetição*. São Paulo: Paz & Terra, 2018, p. 223.

como a expressão cultural do fim, a *anti*assombrologia representa a lógica dos novos começos. Como escrevi em 2021, "se a assombrologia é a lógica do desespero, então a antiassombrologia pode ser vista como a lógica da esperança."[131,132]

Mas o que, exatamente, define a operação dessa nova lógica? Onde está a luz no fim do

[131] Só mais tarde percebi o quanto essa lógica ecoa os próprios escritos de Franco Berardi sobre a Fenomenologia do Fim. Como ele afirma logo no início do livro:

> Em um rizoma não há começo nem fim, segundo Deleuze e Guattari, que propõem ver a realidade como um rizoma infinito, uma concatenação aberta de e e e.
> É por isso que estou escrevendo a fenomenologia do fim. Não há fim. Essa afirmação pode ser tomada como fonte de um desespero interminável, ou como fonte de uma esperança interminável.

Essa (não)dualidade da abordagem rizomática que Berardi emprega aqui também preparou o terreno para minha própria reação contra a assombrologia e sua lógica subjacente de desespero. A meu ver, quando nos deparamos com "o fim" tal como conceituado por Berardi e Sbordoni, somos forçados a escolher o segundo caminho: a lógica da esperança.

BERARDI, Franco "Bifo". *And: Phenomenology of the End. Cognition and Sensibility in the Transition from Conjunctive to Connective Mode of Social Communication*. Helsinki: Aalto ARTS Books, 2014, p. 9.

[132] BLUEMINK, Matt. Anti-Hauntology: Dancing With Ghosts and Education. *Blue Labyrinths*, 13 fev. 2021, https://bluelabyrinths.com/2021/02/13/anti-hauntology--dancing-with-ghosts/.

túnel? Uma possível resposta surge ao articular a teoria da (trans)individuação de Stiegler com o conceito aceleracionista de hiperstição.

Crie novos circuitos!

Em uma entrevista de 2009, Nick Land explicou o conceito de hiperstição, que tem como núcleo a ideia de pensar o tempo a partir do futuro. O curioso sobre objetos hipersticionais é que, embora sejam efêmeros, conseguem, para o bem ou para o mal, produzir efeitos concretos no mundo. Como afirma Land:

> A hiperstição é um circuito de feedback positivo que inclui a cultura como um de seus componentes. Pode ser definida como a (tecno-) ciência experimental das profecias autorrealizáveis. Superstições são apenas crenças falsas, mas hiperstições – pelo simples fato de existirem como ideias – atuam causalmente para produzir sua própria realidade. A economia capitalista é extremamente sensível à hiperstição: a confiança funciona como um tônico eficaz, e o oposto também é verdadeiro. A ideia (ficcional) do Ciberespaço, por exemplo, contribuiu para a onda de investimentos que rapidamente a transformou em uma realidade

> tecnossocial [...]. O objeto hipersticional não é uma mera invenção de "construção social", mas algo que, de modo muito concreto, é "invocado" à existência pela forma como nos aproximamos dele.[133]

Temos visto esses objetos hipersticionais se atualizarem do futuro para o presente inúmeras vezes. Um exemplo recente é a reconstrução do "metaverso" pela empresa Meta, inspirada no romance *Snow Crash*, de Neal Stephenson. Nesse caso, uma das plataformas de tecnologia social mais poderosas do mundo decidiu rebatizar a si mesma para tentar concretizar uma realidade virtual que surgiu em um best-seller de ficção científica. O metaverso imaginário ajudou a trazer à tona sua própria atualização. *A Neo-Califórnia chega do futuro.*[134]

133 LAND, Nick. Hyperstition: An Introduction. *Orphan Drift*, 2009, https://www.orphandriftarchive.com/articles/hyperstition-an-introduction/.

134 No ensaio "Meltdown", Nick Land afirmou famosamente: "A Neo-China chega do futuro", referindo-se a como as teoria-ficções hipersticionais podem produzir sua própria realidade. O futuro imaginado em 1994 foi, de certa forma, realizado. LAND, Nick. "Meltdown", em Robin Mackay e Ray Brassier (orgs.), *Fanged Noumena*. Falmouth: Urbanomic, 2012 (1994), p. 441.

Ora, se esse tipo de mudança pode ocorrer no campo do capital por meio de circuitos ficcionais que trazem o futuro para o presente, o que pode acontecer no campo da tecnocultura? O que acontece quando novas ideias musicais, viabilizadas por tecnologias emergentes, começam a desenhar outras visões de futuro? De repente, uma fissura se abre na escuridão. O mundo se expande. Novos circuitos podem ser reconfigurados. Uma nova *epokhé* começa a se formar.

Como escreve Stiegler em *What Makes Life Worth Living: On Pharmacology*:

> Uma *epokhé* [...] se forma por meio de múltiplos circuitos de transindividuação,[135] nos quais os indivíduos psíquicos coindividuam e, em última instância, transindividuam. Essa transindividuação consiste em tecer circuitos transgeracionais ao longo dos percursos de todas as formas de saber.[136]

[135] Para mais a respeito do conceito de transindividuação de Stiegler, consulte STIEGLER, Bernard, ROGOFF, Irit. 'Transindividuation', *e-flux*, 2010. Disponível em: https://www.e-flux.com/journal/14/61314/transindividuation/

[136] STIEGLER, Bernard. *What Makes Life Worth Living*: On Pharmacology. Trad. Daniel Ross. Cambridge: Polity, 2013, p. 123.

O conceito de transindividuação em Stiegler (adotado e expandido a partir do transindividual de Simondon) trata de como grupos de indivíduos assumem coletivamente um passado comum para projetar um futuro compartilhado e inventar novas formas de vida. O saber deixa de sofrer curto-circuito. Circuitos longos começam a se formar, atravessando gerações. Transindividuar é ultrapassar o fim; é romper com o pensamento de curto prazo imposto pelo capitalismo industrial contemporâneo; é alcançar um novo futuro, no qual o conhecimento não serve apenas para transformar o presente, mas para produzir um futuro que valha a pena ser vivido.

A antiassombrologia, nesse sentido, pode ser entendida como a formação de uma nova *epokhé* cultural, viabilizada pela transindividuação. À medida que a música experimental penetra o mainstream, ela estende suas conexões a outros gêneros "consolidados" e convida artistas populares a explorar esses sons de modo inovador. Esse movimento sugere uma nova relação entre o experimental, o vanguardista e o popular, algo que, até pouco tempo atrás, parecia impensável.[137] Por que isso é importante?

[137] Matt Bluemink, 'Anti-Hauntology: SOPHIE, Stiegler, and the Ruins of Accelerationism', *Blue Labyrinths*, 9 fev. 2021, https://bluelabyrinths.com/2021/02/09/anti-hauntology-stie-

Porque abre espaço para criar circuitos transgeracionais entre presente e futuro. O simples ato de imaginar o novo já pode ser suficiente para dar forma à sua própria realidade, desde que compartilhado e cultivado coletivamente. É assim que a antiassombrologia pode operar como conceito hipersticional, capaz de atualizar uma nova cultura e abrir caminho para um *Mundo Inteiramente Novo.*[138]

Assim, em contraste com Mark Fisher, que em 2014 lamentava a perda de um futuro que "não era mais branco, masculino ou heterossexual",[139] vemos surgir artistas trans, queer e criadores de diversas partes do mundo, que vêm criando e reinventando o próprio conceito de futuro fora da ordem patriarcal e ocidental. Das *Seeds of the Future*[140] cultivadas pelos sons experimentais de Gooooose e 33EMYBW, na China, à ascensão global do K-pop, do reggae-

gler-and-the-ruins-of-accelerationism/.

[138] SOPHIE. "Whole New World / Pretend World", faixa 9, *Oil of Every Pearl's Un-Insides* (Sydney: Future Classic, Londres: Transgressive Records), 2018, LP.

[139] FISHER, Mark. *Fantasmas da minha vida*, p. 48.

[140] 33EMYBW, 'Seeds of the Future', faixa 6, on *Arthropods* (Shangai: SVBKVLT), 2019, 10 files.

ton e do afrobeats, o futuro da cultura pop nunca foi tão plural.[141]

Entretanto, ainda que voltar o olhar para a Ásia, a África ou a América Latina represente um avanço na direção certa e um passo para romper com as amarras da assombrologia, essa diversidade cultural deve ser vista apenas como um começo. Como dizem Deleuze e Guattari, "a arte nunca é um fim, é apenas um instrumento para traçar as linhas de vida".[142] A arte e a música discutidas aqui podem abrir caminho para um novo futuro, mas são só uma entre muitas ferramentas. Produzir cultura em diferentes locais e conectá-la a um futuro globalizado está longe de ser um fim em si.

Na verdade, o sinofuturismo de artistas da SVBKVLT, como Gooooose e 33EMYBW, pode ser visto como um exemplo perfeito de música aceleracionista. *A Neo-China chegou – e veio para ficar*. Ainda assim, se quisermos situar esses artistas no campo da antiassombrologia – conceito que compartilha muitas características com o aceleracionismo, mas claramente

[141] Muitos desses gêneros têm raízes firmes nas indústrias culturais, é claro, mas, ainda assim, seu sucesso implica o potencial para o início de um novo paradigma da antiassombrologia, conforme discutido na próxima subseção.

[142] DELEUZE; GUATTARI. *Mil platôs*, p. 232.

se distancia dele[143] –, é necessário recorrer à cosmotécnica, uma filosofia que leva a sério as especificidades do globalismo e do localismo e aponta caminhos para superá-los.

Cosmotécnica e des-*orient*-ação

Em *The Question Concerning Technology in China*, Yuk Hui afirma que o sinofuturismo, tal como existe hoje, ou seja, um híbrido hipercapitalista/comunista com "características chinesas", representa, no fundo, uma aceleração do projeto moderno europeu, agora expandido em escala global.[144] Conceituar um novo futuro implica superar esse projeto, de modo que o local assuma um novo valor, não apenas como reaproveitamento de saberes indígenas ou estéticas vernáculas, mas como algo intrinsecamente ligado ao global e capaz de refletir sobre ele. Como escreve Hui:

> Hoje, a tarefa de superar a modernidade por meio da própria modernidade nos coloca

[143] Matt Bluemink, 'Anti-Hauntology: SOPHIE, Stiegler, and the Ruins of Accelerationism'

[144] Yuk Hui, *The Question Concerning Technology in China: An Essay in Cosmotechnics*, p. 297.

> diante da questão da especificidade e da localidade. A localidade não é uma alternativa confortável à globalização, mas sim seu "produto universal". Se quisermos voltar a falar de localidade, precisamos reconhecer que ela já não existe de forma isolada. [...] Trata-se de uma localidade que deve se apropriar do global, em vez de ser apenas produzida e reproduzida por ele. A única localidade capaz de resistir ao eixo temporal global é aquela que o enfrenta e o transforma de modo radical e consciente, não apenas lhe adicionando valor estético.[145]

Superar a modernidade *por meio da* própria modernidade implica reconhecer o mesmo imperativo filosófico que sustenta a antiassombrologia. Estéticas localizadas, por si só, não bastam para contrabalançar a estética do apocalipse. Para ir além da modernidade atual – enredada em *backrooms*, shoppings virtuais e fantasmas digitais que simbolizam o fim – é preciso reconceituar o que localidade significa em relação à globalização.

De fato, as *backrooms* e seus espaços liminares afins são um exemplo preciso de um inconsciente ocidental tornado real pela imagem

[145] HUI, Yuk. *The Question Concerning Technology in China*, p. 307.

digital, uma distopia *localizada* que se espalhou globalmente. O desconforto que elas provocam é fruto da infiltração do capitalismo industrial ocidental no próprio conceito de espaço. O inferno, para o consumidor urbano contemporâneo na China, na Europa ou nos Estados Unidos, já não é feito de fogo e danação eterna, mas da labuta interminável e da desorientação constante do ambiente de escritório.

No entanto, como observa Hui, "desorientação não significa apenas que alguém perdeu o rumo e não sabe para onde ir; ela também expressa a incompatibilidade entre temporalidades, histórias e metafísicas: é, mais precisamente, uma 'des-*orient*-ação'".[146]

O jogo de palavras de Hui funciona em vários níveis. Primeiro, remete ao mal-estar diagnosticado por Stiegler em *Technics and Time 2*, que coloca a desorientação no centro de sua crítica ao capitalismo industrial contemporâneo.[147] Em seguida, destaca a perda de enraiza-

[146] HUI, Yuk. *The Question Concerning Technology in China*, p. 296.

[147] "Não só esse admirável mundo novo inventado, que rapidamente ganhou o nome de 'progresso', não parece mais ser o portador espontâneo do futuro mas, para a maior parte da população mundial, ocidental e oriental, parece não importar, quando não é um pesadelo. E, quanto àqueles tentando conduzi-lo, todos os dias vemos mais evidên-

mento enfrentada pelas chamadas sociedades "orientais" desde que começaram a adotar, progressivamente, o projeto modernista europeu a partir do século XIX.

A monotonia das *backrooms*, esse tédio do fim do mundo, não é exclusividade do Ocidente; aos poucos, está se transformando em um conceito universal. Basta observar o movimento chinês do tăng píng (literalmente "deitar e não fazer nada"), que propõe uma vida simples em rejeição ao estilo hipercompetitivo imposto a muitos jovens urbanos chineses. Assim como em movimentos semelhantes em outras regiões do mundo, trata-se de uma tentativa de resistência da juventude urbana à desorientação provocada pela fusão entre o capitalismo industrial ocidental e a história coletivista chinesa – uma fusão que, segundo Hui, acarreta também uma perda de fundamento metafísico. O tăng píng talvez funcione como um alívio temporário para essa dupla des-*orient*-ação, mas não oferece uma solução duradoura. O mal-estar do fim continua presente.

Aqui, vale lembrar as palavras de David Graeber: "O mundo em que vivemos é algo que criamos coletivamente como sociedade e, por

cias de sua impotência. Tal é a desorientação contemporânea." STIEGLER, Technics and Time 2: Disorientation, Stanford: Stanford University Press, 2009, p. 1.

isso mesmo, poderíamos tê-lo feito de outro modo."[148] Para Hui, diferentes formas de imaginar o mundo – nossas diferentes estruturas de pensamento e cosmologias – produzem efeitos concretos sobre as técnicas do futuro. Essa nova maneira de pensar é o que Hui chama de cosmotécnica. Ela parte da ideia de que nosso pensamento científico e técnico sempre nasce sob condições cosmológicas, expressas nas relações entre humanos e seus meios. Essas relações não são fixas; podem sempre ser reinventadas.[149]

Portanto, para reapropriar a tecnologia moderna fora do modelo industrial ocidental, o primeiro passo é reconfigurar os fundamentos metafísicos que sustentam nossa compreensão das tecnologias. O segundo é reconstruir uma nova episteme sobre essa base, capaz de servir como condição para a invenção técnica, o desenvolvimento e a inovação, de modo que essas inovações não sejam meras imitações ou repetições das tecnologias industriais ocidentais.[150] Essa abordagem cosmotécnica para criar um novo futuro permitiria que as sociedades contemporâneas ao redor do globo se re-*orient*-assem não

[148] Idem.

[149] HUI, Yuk. *The Question Concerning Technology in China*, p. 18.

[150] HUI, Yuk. *The Question Concerning Technology in China*, p. 307.

apenas no tempo (em relação ao passado e ao futuro), mas também no espaço e na tecnologia (em relação ao seu meio cosmológico). Esse é o primeiro passo para superar a modernidade e ir além da tecno-lógica do fim.

E agora, a partir daqui, para onde seguimos? Com a antiassombrologia desestabilizando as especificidades temporais da produção cultural e a cosmotécnica reinventando as relações entre o local e o global, que futuro podemos imaginar? Que nova linguagem surgirá da semiótica do fim? O futuro está aberto à construção. Este posfácio procurou seguir a lição de Deleuze e Guattari e "começar pelo fim", mas, naturalmente, isso é só um pequeno passo (para o homem) na direção certa. Cabe a nós, juntos, decidir onde daremos o grande salto (para a humanidade). Para encerrar, deixo aos leitores uma última citação de Yuk Hui, filósofo que talvez compreenda essa tarefa como poucos. Ele escreve ao final de seu livro:

> Será preciso, sem dúvida, compreender a ciência e a tecnologia para poder transformá-las. Mas, depois de mais de um século de "modernização", chegou a hora de buscar uma nova forma de prática – não só na China, mas também em outras culturas. A China discutida neste livro é apenas

> um exemplo entre muitas outras possibilidades. É justamente aqui que a imaginação precisa se lançar e concentrar seus esforços.[151]

Usemos nossa imaginação para concentrar esforços longe da lógica do desespero e em direção à lógica da esperança. Só assim poderemos reescrever o futuro depois do fim.

Coda

No mundo pós-internet, uma multiplicidade de realidades técnicas emerge da imaginação de futuros cosmotécnicos.

A ordem industrial ocidental já não é mais a linha de chegada do fim.

As fronteiras nacionais persistem, mas o indivíduo e o coletivo já não estão confinados ao espaço físico.

Circuitos longos de individuação disparam em direções infinitas, atravessando linhas de Estado.

A antiassombrologia oriental rompe a Grande Muralha (digital)[152] da China.

[151] HUI, Yuk. *The Question Concerning Technology in China*, p. 312.

[152] N.T.: O autor joga com a palavra "(*fire*)wall", fundindo a imagem da "Grande Muralha da China" com "*firewall*", a barreira tecnológica que regula o acesso à internet no país.

Vernacularismo projetado por IA.

Imaginários solarpunk.

O ciberespaço funde-se à meatspace.

A cultura do futuro é, ao mesmo tempo, localizada e verdadeiramente global.

Todos a bordo do Trans-Aeon Express.

A revolução será digitalizada.

Referências posfácio:

33EMYBW. "Seeds of the Future", faixa 6, *Arthropods* (Xangai: SVBKVLT), 2019.

BERARDI, Franco "Bifo". *And: Phenomenology of the End.* Cognition and Sensibility in the Transition from Conjunctive to Connective Mode of Social Communication. Helsinque: Aalto ARTS Books, 2014.

BLUEMINK, Matt. Anti-Hauntology: SOPHIE, Stiegler, and the Ruins of Accelerationism". *Blue Labyrinths*, 9 fev. 2021. Disponível em: https://bluelabyrinths.com/2021/02/09/anti-hauntology-stiegler-and-the-ruins-of-accelerationism/.

_____. Anti-Hauntology: Dancing With Ghosts and Education. *Blue Labyrinths*, 13 fev. 2021. Disponível em: https://bluelabyrinths.com/2021/02/13/anti-hauntology-dancing-with-ghosts/.

DELEUZE, Gilles. *Diferença e repetição*. São Paulo: Paz & Terra, 2018.

DELEUZE, Gilles; GUATTARI, Félix. *Mil platôs:* capitalismo e esquizofrenia. Volume único. São Paulo: Editora 34, 1995.

FISHER, Mark. *Fantasmas da minha vida*. São Paulo: Autonomia Literária, 2022

GRAEBER, David. *Bullshit Jobs:* The Rise of Pointless Work and What We Can Do About It. Londres: Penguin, 2019.

HEIDEGGER, Martin. *Being and Time*. Trad. John Macquarrie e Edward Robinson. Nova York: Harper & Row, 1962.

HUI, Yuk. *The Question Concerning Technology in China*. Falmouth: Urbanomic, 2016.

LAND, Nick. Hyperstition: An Introduction. *Orphan Drift*, 2009. Disponível em: https://www.orphandriftarchive.com/articles/hyperstition-an-introduction/.

_____. Meltdown. In: MACKAY, Robin; BRASSIER, Ray (eds.). *Fanged Noumena*. Falmouth: Urbanomic, 2012 (1994), p. 441–460.

SOPHIE. "Whole New World / Pretend World", faixa 9, *Oil of Every Pearl's Un-Insides* (Sydney: Future Classic, Londres: Transgressive Records), 2018, LP.

STIEGLER, Benard. *Technics and Time 2:* Disorientation. Trad. Stephen Barker, Stanford: Stanford University Press, 2009.

_____. *What Makes Life Worth Living*: On Pharmacology. Trad. Daniel Ross. Cambridge: Polity, 2013.

STIEGLER, Benard; ROGOFF, Irit. Transindividuation, *e-flux 14* (mar. 2010). Disponível em: https://www.e-flux.com/journal/14/61314/transindividuation/.

The Ister (dir. David Barison e Daniel Ross, 2004). David Barison e Daniel Ross.

Referências *Semiótica do fim*:

100 Gecs. "Money Machine", 2019, faixa 2, *1000 Gecs* (Lafayette: Dog Show), 2019, LP.

28 Days Later (dir. Danny Boyle, 2002). DNA Films, UK Film Council.

28 Weeks Later (dir. Juan Carlos Fresnadillo, 2007). 20th Century Fox, Fox Atomic.

33EMYBW & Gooooose. *Trans-Aeon Express* (Shangai: SVBKVLT), 2022, LP.

A$AP Mob with Juicy J. "Yamborghini High", 2016, faixa 1, *Cozy Tapes: Vol. 1: Friends* (Nova York: ASAP Worldwide, Nova York: Polo Grounds, Nova York: RCA), 2016, CD.

AGAMBEN, Giorgio. *O fogo e o relato:* ensaios sobre criação, escrita, arte e livros. São Paulo: Boitempo Editorial, 2018.

_____. *O que é o contemporâneo?* e outros ensaios. Chapecó: Editora Argos, 2009, p. 48.

_____. *The Fire and the Tale*. Trad. Lorenzo Chiesa, Stanford: Stanford University Press, 2014.

AUGÉ, Marc. *Não lugares*: introdução a uma antropologia da supermodernidade. Campinas: Papirus, 1994.

Arca. "Mequetrefe", 2020, faixa 3, *KiCk i* (Londres, Nova York: XL), 2020, CD.

_____. *KiCk i* (Londres: XL), 2020, CD.

_____. "Riquiquí", 2020, faixa 4, *KiCk i* (Londres, Nova York: XL), 2020, CD.

_____. *Riquiquí; Bronze Instances* (Londres, Nova York: XL), 2020, 100 files.

_____. *KiCk ii* (Londres, Nova York: XL), 2021, 12 files.

_____. *KiCk iii* (Londres, Nova York: XL), 2021, 12 files.

_____. *KiCk iiii* (Londres, Nova York: XL), 2021, 11 files.

_____. *KiCk iiiii* (Londres, Nova York: XL), 2021, 12 files.

Arctic Monkeys. "Body Paint", 2022, faixa 5, *The Car* (Londres: Domino), 2022, CD.

ARISTÓTELES. *Parva Naturalia*. São Paulo: Edipro, 2012.

Apocalypse Now (dir. Francis Ford Coppola, 1979). Omni Zoetrope.

Avengers: Infinity War (dir. Anthony J. Russo e Joseph Russo, 2017). Marvel Studios.

Avengers: Endgame (dir. Anthony J. Russo e Joseph Russo, 2019). Marvel Studios.

Backrooms – Presentation (dir. Kane Pixels, 2022). YouTube. Disponível em: https://www.youtube.com/watch?v=I-TuGdHxHioA.

BARTHES, Roland. *A câmara clara*. Rio de Janeiro: Nova Fronteira, 1984.

BASINSKY, William. *The Disintegration Loops*. (Nova York: 2062), 2002, CD.

_____. *The Disintegration Loops II* (Nova York: 2062), 2003, CD.

_____. *The Disintegration Loops III* (Nova York: 2062), 2003, CD.

_____. *The Disintegration Loops IV* (Nova York: 2062), 2003, CD.

BAUDRILLARD, Jean. *Simulacros e simulação*. Lisboa: Relógio D'água, 1991.

_____. *The Illusion of the End*. Trad. Chris Turner, Cambridge: Polity Press, 1994 (1992).

_____. *The Violence of Images, Violence against Images*. Trad. Paul Foss, *ArtUS* 23 (22 jun. 2008).

_____. *Troca simbólica e morte*. São Paulo: Edições Loyola, 1996.

BENJAMIN, Walter. *Passagens*. Belo Horizonte: Editora UFMG, 2012.

_____. A obra de arte na era de sua reprodutibilidade técnica. In: *Magia, técnica, arte e política*. São Paulo: Editora Brasiliense, 2012.

BERARDI, Franco. Cognitarian Subjectivation, *e-flux* 20 (nov. 2010). Disponível em: https://www.e-flux.com/journal/20/67633/cognitarian-subjectivation/.

_____. *And: Phenomenology of the End*. Helsinque: Aalto ARTS Books, 2014.

_____. *The Uprising*: On Poetry and Finance. Los Angeles: Semiotext(e), 2012.

_____. *O terceiro inconsciente*: a psicosfera na era viral. São Paulo: Glac Edições, 2024.

BLANCHOT, Maurice. *The Writing of the Disaster*. Trad. Ann Smock. Lincoln, Londres: University of Nebraska Press, 1995 (1980).

BLUEMINK, Matt. Anti-Hauntology: Mark Fisher, SOPHIE, and the Music of the Future. *Blue Labyrinths*, 2 fev. 2021. Disponível em: https://bluelabyrinths.com/2021/02/02/anti-hauntology-mark-fisher-sophie-and-the-music-of-the-future/.

_____. Anti-Hauntology: Arca, AI, and the Future of Innovation. *Blue Labyrinths*, 6 fev. 2021. Disponível em: https://bluelabyrinths.com/2021/02/06/anti-hauntology-arca-ai-and-the-future-of-of-innovation/.

_____. Anti-Hauntology: Iglooghost, Mark Fisher, and the New Digital Modernism. *Blue Labyrinths*, 12 abr. 2021. Disponível em: https://bluelabyrinths.com/2021/04/12/anti-hauntology-iglooghost-mark-fisher-and-the-new-digital-modernism/.

Captain Marvel (dir. Anna Boden e Ryan Fleck, 2019). Marvel Studios.

COPE, Julian. *Japrocksampler:* How the Post-War Japanese Blew Their Minds on Rock 'n' Roll. Londres, Oxford, Nova York, Nova Delhi, Sydney: Bloomsbury, 2007.

COLQUHOUN, Matt. Anti-Hauntology: Where Are the New Forms of New?. *Xenogothic,* 6 fev. 2021. Disponível em: https://xenogothic.com/2021/02/06/anti-hauntology-new-forms-of-new/.

COLQUHOUN, Matt (ed.). *Postcapitalist Desire:* The Final Lectures. Londres: Repeater Books, 2021.

DEBORD, Guy. *Sociedade do espetáculo.* Rio de Janeiro: Editora Contraponto, 2007.

DEMERS, Joanna. Ambient Drone and Apocalypse. *Current Musicology* 95 (primavera de 2013): 103–112.

_____. *Drone and Apocalypse: An Exhibit Catalog for the End of the World.* Londres: Zero Books, 2015.

DERRIDA, Jacques. *Gramatologia.* São Paulo: Editora Perspectiva, 1973.

_____. *Espectros de Marx.* Rio de Janeiro: Relume-Dumará, 1994, p. 205.

DERRIDA, Jacques; STIEGLER, Bernard. *Echographies of Television.* Filmed Interviews. Trad. Jennifer Bajorek. Cambridge: Polity, 2002 (1996).

Donnie Darko (dir. Richard Kelly, 2001). Flower Films.

GARNER, Alan. *Red Shift.* Londres: Collins, 1973.

_____. Alan Garner: Revelations From a Life of Storytelling. *The New Statesman,* 2 abr. 2015. Disponível em: https://www.newstatesman.com/culture/2015/04/bronze-age-axe-space-telescope-and-art-story-alan-garner-being-made-myths.

FISHER, Mark. The Damage is Done. *k-punk,* 13 jan. 2007. Disponível em: http://k-punk.abstractdynamics.org/archives/2007_01.html.

_____. No Future 2012. *k-punk*, 13 maio de 2008. Disponível em: http://k-punk.abstractdynamics.org/archives/010368.html.

_____. What is Hauntology?. *Film Quarterly*, v. 66, n. 1, (outono, 2012), p. 16–24.

_____. *The Weird and the Eerie*. Londres: Repeater, 2016.

_____. *Lecture Three:* From Class Consciousness to Group Consciousness. Londres: Repeater Books, 2021.

_____. *Fantasmas da minha vida*. São Paulo: Autonomia Literária, 2022,

FERENCZI, Sándor. *Thalassa:* ensaio sobre a teoria da genitalidade. São Paulo: Martins Fontes, 2019.

FREUD, Sigmund. *Além do princípio do prazer*. São Paulo: L&PM, 2016.

_____. *A interpretação dos sonhos*. São Paulo: Companhia das Letras, 2019.

Godzilla vs. Kong (dir. Adam Wingard, 2021). Legendary Pictures.

Gooooose – Trans-Aeon Express (dir. Weirdcore, 2021). SVBKVLT. Disponível em: https://www.youtube.com/watch?v=k7_5arAZpk4.

HAN, Byung-Chul. *A sociedade do cansaço*. Petrópolis: Editora Vozes, 2017.

_____. *A salvação do belo*. Lisboa: Relógio D'água, 2018.

_____. *Capitalismo e impulso de morte*. Petrópolis: Editora Vozes, 2021.

_____. The Tiredness Virus. In: *The Nation*, 12 abr. 2021. Disponível em: https://www.thenation.com/article/society/pandemic-burnout-society/.

HARPER, Adam. Comment: Vaporwave and the Pop-Art of the Virtual Plaza. *Dummy*, 12 jul. 2012. Disponível em: https://dmy.co/news/adam-harper-vaporwave.

HEGEL, Georg Wilhelm Friedrich. Ciência da lógica, Petrópolis: Vozes, 2016 .

HERN, Alex. Netflix's Biggest Competitor? Sleep. *The Guardian*, 18 abr. 2017. Disponível em: https://www.theguardian.com/technology/2017/apr/18/netflix-competitor-sleep--uber-facebook.

HESS, Daniel. Les Rallizes Dénudés: The Psychedelic Music Behind the Mayhem. *Perfect Sound Forever*, ago. 2021. Disponível em: https://www.furious.com/perfect/lesrallizes-denudes2.html.

HOSONO, Haruomi. 花に水 [*Watering a Flower*] (Tokyo: 冬樹社), 1984, cassette.

iD Software. *Doom II: Hell on Earth*, GT Interactive, MS--DOS, 1994.

JAMESON, Fredric. *Postmodernism:* Or, the Cultural Logic of Late Capitalism. Londres: Verso, 1991.

JAPAN. "Ghosts", 1981, faixa 3, *Tin Drum* (Los Angeles: Virgin), LP.

LAND, Nick. Meltdown. In: MACKAY; BRASSIER (ed.). *Fanged Noumena* (p. 441–460). Falmouth: Urbanomic, 2012 p. 447.

LAND, Nick. Machinic Desire. In: MACKAY, Robin; BRASSIER, Ray Brassier (eds.). *Fanged Noumena*. Falmouth: Urbanomic, 2012 (1993), p. 319–344.

Les Rallizes Dénudés. *'67-'69 Studio et Live* (n.p.: Rivista Inc.), 1991, CD.

_____. *Heavier Than a Death in the Family* , 2002, CD.

_____. "Strung Out Deeper Than the Night", 1977, faixa 1, *Heavier Than a Death in the Family* (not on label), 2002, CD.

Living in an Unreal World: A Film by Adam Curtis (dir. Adam Curtis, 2016). Vice Media. Disponível em: https://www.youtube.com/watch?v=oNzzSqHK-5o.

KANT, Immanuel. O fim de todas as coisas. In: *Textos seletos*. Petrópolis: Editora Vozes, 1970.

KNABB, Ken. *Situationist International Anthology* (Revised and Expanded Edition). Berkeley: Bureau of Public Secrets, 2006 (1981).

KRISTEVA, Julia. *Desire in Language.* A Semiotic Approach to Literature and Art. Trad. Thomas Gora, Alice Jardine, Leon S. Roudiez. Oxford: Basil Blackwell, 1989 (1977).

LAND, Nick. Machinic Desire. In: MACKAY; BRASSIER (ed.) *Fanged Noumena*. Falmouth: Urbanomic, 2012 (1993), p. 319–344.

MENKMAN, Rosa. *The Glitch Moment(um)*. Amsterdã: Institute of Network Cultures, 2011.

MORTON, Timothy. *Hyperobjects:* Philosophy and Ecology after the End of the World. Minneapolis, Londres: University of Minnesota Press, 2013.

NORMAN, Donald A. *The Design of Everyday Things.* Revised and Expanded Edition. Cambridge, Londres: MIT Press, 2013, p. 16.

Outer Space (dir. Peter Tscherkassky, 1999). P.O.E.T. Picture Production.

Poesıs. *:(){ :|:& };: Ascii Forkbomb*, 2002. Disponível em: http://www.poesıs.net/en/projects/jaromil.html.

Pie On A Plate Productions. *The Backrooms Game*, Pie On A Plate Productions, Microsoft Windows, 2019.

PLATÃO. *A República*. São Paulo: Perspectiva, 2020.

Preso na escuridão (dir. Alejandro Amenábar, 1997). Canal+ España, Las Producciones del Escorpión, Les Films Alain Sarde Lucky Red, Sociedad General de Televisión.

QT. "Hey QT", 2014, faixa 1, *Hey QT* (Londres, Nova York: XL), 2014, CD.

Reddit_irl. *Sorry We Crashed Your SuperbOwl Party.* Reddit post, 8 fev. 2021, 12h26 https://www.reddit.com/r/blog/comments/leznyw/sorry_we_crashed_your_superbowl_party/.

RHYS, Graham. 'Outer Space: The Manufactured Film of Peter Tscherkassky', *Sense of Cinema* 12 (fev. 2001). Disponível em: https://www.sensesofcinema.com/2001/cteq/outer/.

RISSET, Jacqueline. *Sleep's Powers*. Trad. Jennifer Moxley. Nova York: Ugly Duckling Presse, 2008 (1997).

RUSSELL, Legacy. *Glitch Feminism*. Londres: Brooklyn: Verso, 2020.

RUSSELL, John. Abysmal Plan: Waiting Until We Die and Radically Accelerated Repetitionism. *e-flux* 46 (jun. 2013). Disponível em: https://www.e-flux.com/journal/46/60096/abysmal-plan-waiting-until-we-die-and-radically-accelerated-repetitionism/.

SHANNON, Claude E. *The Mathematical Theory of Communication*. In: SHANNON; WEAVER. *The Mathematical Theory of Communication*. Urbana: University of Illinois Press, 1998, p. 29–108.

Sharknado (dir. Anthony C. Ferrante, 2013). Syfy Films.

Slow Motion TV. William Basinski – Disintegration Loop 1.1 (Time-Stretched Version) 8h 27m 15s', YouTube, 23 ago, 2017. Disponível em: https://www.youtube.com/watch?v=bdXjVM1aMgA.

SONTAG, Susan. *Diante da dor dos outros*. São Paulo: Companhia das Letras, 2016.

SOPHIE. "Lemonade", 2014, faixa 1, *Product* (Glasgow: Numbers), 2014, CD.

_____. "Faceshopping", 2018, faixa 3, *Oil of Every Pearl's Un-Insides* (Sydney: Future Classic, Londres: Transgressive Records), 2018, LP.

_____. *Oil of Every Pearl's Un-Insides* (Sydney: Future Classic, Londres: Transgressive Records), 2018, LP.

SPEARS, Britney. "Till the World Ends", 2011, faixa 1, em: *Femme Fatale* (Nova Iorque: Jive), 2011, CD.

Spider-Man: Far From Home (dir. Jon Watts, 2019). Columbia Pictures, Marvel Studios, Pascal Pictures.

SUN TZU. *A arte da guerra*. São Paulo: Golden Books, 2007.

SUTHERLAND, Keston. *The Odes to TL61P*. Londres: Enitharmon Editions, 2013.

SVENONIUS, Ian. Time is Money., In: GILL, G. (ed.). *The Psychic Soviet: And Other Works*. Chicago: Drag City, 2020 (2006), p. 135–146.

TANNI, Valentina. A Journey in the Back of the World in Noclip Mode. *NERO Editions*, 20 abr. 2022. Disponível em: https://www.neroeditions.com/a-journey-in-the-back-of--the-world-in-noclip-mode/.

THACKER, Eugene. Dark Media. In: GALLOWAY; THACKER; WARK (eds). *Excommunication:* Three Inquiries in Media and Mediation. Chicago: University of Chicago Press, 2013.

_____. *In the Dust of This Planet:* Horror of Philosophy. Vol. 1. Londres: Zero Books, 2011.

_____. *Starry Speculative Corpse:* Horror of Philosophy. Vol. 2. Londres: Zero Books, 2015.

The Backrooms (Found Footage). (dir. Kane Pixels, 2022). YouTube. Disponível em: https://www.youtube.com/watch?-v=H4dGpz6cnHo.

The Caretaker. *Everywhere at the End of Time – Stages 1-3* (Cracóvia: History Always Favours the Winners), 2017, 3 CDs.

_____. *Everywhere at the End of Time – Stages 4-7* (Cracóvia: History Always Favours the Winners), 2019, 4 CDs.

The Entity (dir. Sidney J. Furie, 1982). American Cinema International.

The Turin Horse (dir. Béla Tarr e Ágnes Hranitzky, 2011). T. T. Filmműhely.

The Strokes. The End Has No End, 2003, faixa 10, *Room on Fire* (Nova York: RCA), 2003, CD.

The Void, *Fandom*, 2017. Disponível em: https://redditplace.fandom.com/wiki/The_Void. Acesso em: 18 mar. 2023.

TIQQUN. *The Cybernetic Hypothesis*. Los Angeles: Semiotext(e), 2020 (2001).

_____. Preliminary Materials for a Theory of the Young-Girl. Trad. Ariana Reines, Los Angeles: Semiotext(e), 2012 (1999).

unsettling images, 4chan [4plebs], post, 12 maio 2019, 1:37 PM, arquivado do original em 1 fev. 2022. Disponível em: https://web.archive.org/web/20220201004253/https://archive.4plebs.org/x/thread/22661164/#22661164.

Vanilla Sky (dir. Cameron Crowe, 2001). Cruise/Wagner Productions, Vinyl Films, Summit Entertainment Sogecine.

VIRNO, Paolo. *An Essay on Negation:* For a Linguistic Anthropology. Trad. Lorenzo Chiesa. Calcutá: Seagull Books, 2018.

Virtual Dream Plaza. 仮想夢プラザ [Virtual Dream Plaza] (n.p.: Ephemera Archives), 2017, 31 cassettes.

WARK, McKenzie. *O capital está morto.* São Paulo: sobinfluencia & Funilaria, 2023.

WATSON, Mike. The Memeing of Mark Fisher: How the Frankfurt School Foresaw Capitalist Realism and What to Do About It, Londres: Zero Books, 2021.

Weirdcore. *Orient Flux*, T-10/SKP-S. Pequim, China, 2020.

WEST, Kanye with Kid Cudi. "Welcome to Heartbreak", 2008, faixa 2, *808s & Heartbreak* (Nova York: Roc-A-Fella, Nova York: Def Jam), 2008, CD.

WESTPHAL, Yannick. Hacking Art. *INC Longform*, 9 fev. 2022. Disponível em: https://networkcultures.org/longform/2022/02/09/hacking-art/.

What is a Group? (dir. Ian Svenonius, 2016). Strawberry City. Disponível em:https://www.youtube.com/watch?v=8Izlj7-T5S4&t=281s.

ŽIŽEK, Slavoj. *Vivendo no fim dos tempos*. São Paulo: Editora Boitempo, 2012.

COORDENAÇÃO EDITORIAL Fabiana Vieira Gibim, Rodrigo Corrêa e Alex Peguinelli

TRADUÇÃO Victor Hermann

PREPARAÇÃO Alex Peguinelli e Mariana Bercht Ruy

PROJETO GRÁFICO Rodrigo Corrêa

REVISÃO Lígia Marinho

Dados Internacionais de Catalogação na Publicação (CIP)
de acordo com ISBD

S276s Sbordoni, Alessandro
Semiótica do fim / Alessandro Sbordoni ; traduzido por Victor Hermann.
- São Paulo : sobinfluencia edições, 2025.
160 p. : 11cm x 19cm. Inclui bibliografia.
ISBN: 978-65-84744-54-7
1. Filosofia. 2. Arte. 3. Política. 4. Tecnologia. I. Hermann, Victor. II. Título.
2025-2772 CDD 100
CDU 1

Elaborado por Vagner Rodolfo da Silva - CRB-8/9410
Índice para catálogo sistemático:

1. filosofia 100 2. filosofia 1

sobinfluencia.com

Galeria Metrópole
Av. São Luís, 187, Sala 12, Piso 1 – República, São Paulo/SP

fontes minion pro e neue haas grotesk
gráfica pallotti
papel lux cream 70g
tiragem 1000